冶金工业出版社

高职高专"十四五"规划教材

软技能培养与实践

主　编　张运浩　张秀芳　谭起兵
副主编　王建新

北　京
冶　金　工　业　出　版　社
2023

内 容 提 要

本书详细介绍了软技能培养与有关实践，全书分为十一章，主要包括职业与职业软技能、积极主动、以终为始、要事第一、双赢思维、知彼解己、统合综效、不断更新、职业能力、匠心拾遗和创客展梦。

本书可作为高职院校相关专业的教学用书，也可供企业员工培训使用。

图书在版编目(CIP)数据

软技能培养与实践/张运浩，张秀芳，谭起兵主编．—北京：冶金工业出版社，2023.6

高职高专“十四五”规划教材

ISBN 978-7-5024-9508-4

Ⅰ.①软…　Ⅱ.①张…　②张…　③谭…　Ⅲ.①能力培养—高等职业教育—教材　Ⅳ.①G421

中国国家版本馆 CIP 数据核字(2023)第 081816 号

软技能培养与实践

出版发行	冶金工业出版社	**电　　话**	(010)64027926
地　　址	北京市东城区嵩祝院北巷 39 号	**邮　　编**	100009
网　　址	www.mip1953.com	**电子信箱**	service@mip1953.com

责任编辑　杜婷婷　刘林烨　美术编辑　吕欣童　版式设计　郑小利

责任校对　葛新霞　责任印制　窦　唯

北京捷迅佳彩印刷有限公司印刷

2023 年 6 月第 1 版，2023 年 6 月第 1 次印刷

787mm×1092mm　1/16；8.25 印张；130 千字；120 页

定价 49.00 元

投稿电话　(010)64027932　投稿信箱　tougao@cnmip.com.cn

营销中心电话　(010)64044283

冶金工业出版社天猫旗舰店　yjgycbs.tmall.com

(本书如有印装质量问题，本社营销中心负责退换)

前　言

党的二十大报告指出："加快建设国家战略人才力量，努力培养造就更多大师、战略科学家、一流科技领军人才和创新团队、青年科技人才、卓越工程师、大国工匠、高技能人才。"软技能培养是现代企业人力资源发展的核心，也是高职院校落实党的二十大报告中提出的培养社会主义现代化建设者和接班人的重要举措之一。全国职业教育大会、《国家职业教育改革实施方案》和《关于深化现代职业教育体系建设改革的意见》等会议和文件将培养学生的职业素养、核心素养、工匠精神、创新能力等软技能作为培养新时期高素质技术技能人才的关键任务。

在此背景下，天津工业职业学院成立了"软技能研究与实践中心"，经过三年的研究与实践，联合山东星科智能股份有限公司、天津新天钢集团有限公司等企业开发了活页式教材——《软技能培养与实践》。按照高职学生软技能的培养规律，教材内容设置展现项目化、任务化，通过"观、听、践、思、悟"五个阶段实现教学过程。

本书由张运浩、张秀芳、谭起兵担任主编，王建新担任副主编。三位主编长期在高校任教，具有丰富的从教和从业经验；副主编王建新作为企业高级管理人员，企业管理经验丰富，熟知企业用人需求。参与本书编写的人员还有天津工业职业学院梁娈、赵倩、陈红、玄洁、周雪松等。

本书在编写过程中，参考了相关文献资料，在此向文献资料的作者表示衷心的感谢。

本书的出版得到了天津工业职业学院各位领导与软技能研究与实践中心全体同仁的大力支持，在此表示感谢。

由于编者水平所限，书中不妥之处，敬请广大读者批评指正！

编　者

2023 年 2 月

目　录

第一章　职业与职业软技能

在迈进职业院校大门时，学生们都在思考一个问题：我将来能干什么，我适合干什么？要回答这个问题，学生们首先要对职业有一个感性认识，在此基础上形成对职业的理性认识，才能有一个清晰的职业选择的方向。

一、职业的含义与分类

（一）职业的含义

谈到职业，人们总会想到教师、农民、工人、医生、律师、工程师等。从这个意义上来讲，职业似乎与人们扮演的工作角色密切相关。《中华人民共和国职业分类大典》指出，职业就是从业人员为获取主要生活来源所从事的社会工作类别。在此基础上，作为个体的人，可以通过职业实践认识到，职业必须依赖一定的知识、技能并能从中获取物质和精神的回报。从这个角度我们也可以说，职业是指人们在社会生活中所从事的以获得物质报酬作为自己主要生活来源并能满足自己精神需求的、在社会分工中具有专门技能的工作，因此可以从以下四个方面来理解职业。

1. 职业的主体

职业的主体是为了获取基本生存权而工作的人。从个人角度来讲，职业的主体是人，职业是个人为了不断取得物质报酬作为自己主要生活来源而从事的工作。职业是有报酬的劳动，是人谋生的手段，是劳动者生存和发展的主要经济来源。人们通过职业为社会奉献劳动，社会按照一定的标准付给劳动者报酬。但是，不是所有付给报酬的劳动都是职业。例如，勤工俭学也是通过劳动获得了报酬，但那份工作不是职业。

人们通过职业首先获得的是基本生存权，是人们物质需要的满足。人们通过职业获得物质，同时也为社会创造了物质财富。为社会提供的劳动越多、创造的物质财富越多，人们的物质生活质量就会越高，人们生存权的范围就会越广，这样才能通过职业求得生存、谋求发展、发挥能力、贡献社会。

2. 职业的载体

职业的载体是人为了满足社会需要而进行的劳动。从社会角度来讲，职业的载体是人的劳动，是生产力发展和社会分工的产物，它反映了一种或多种的社会需要。职业是在社会分工的基础上逐渐形成的，生产力的发展和社会分工是产生职业的社会基础。随着社会大分工的出现，人类社会就有了不同职业之分。农夫、牧人、工匠、商人是最初的职业，随着生产力水平的不断提高，人的劳动方式、劳动内容发生了质的变化，新的职业不断出现。时至今日，科学技术得到了迅猛的发展，职业也得到了空前的发展，职业世界展现出一幅幅崭新的图景。

由此可知，新职业在满足社会需要的基础上带给了人们耳目一新的职业认知。但不管是什么职业，都是在一定生产力发展水平的基础上，人们在社会劳动分工情况下从事社会劳动的具体形式，都是社会劳动分工体系中的一个环节，只是不同的职业具有不同的职责，包含不同的工作内容，要求劳动者具有不同的技能和职业素养。

3. 职业的内容

职业的内容是人运用知识和技能技巧进行劳动的过程。从内在属性来讲，职业的内容是人运用知识、技能、技巧进行劳动的过程。职业的内容也是人的知识、技能、技巧适应生产发展的需要而不断创新的过程。职业是有劳动能力的人从事的具有专门技能的工作。

例如，由于科学技术的发展，特别是计算机技术在现代制造业中的普及，数控机床等数控加工设备在我国机械制造企业中的广泛运用而出现的，这些从事数控加工的技能人才称为数控程序员。数控程序员既要能根据零件的加工要求，选用合适的工具、夹具、加工设备与刀具，又要能使用计算机辅助制造软件进行数控加工程序的编制，数控程序员既要有实际的机械加工经验，又要能胜任数控加工的编程工作。

随着社会的发展、科技的进步，劳动的专业化程度越来越高，职业的专业性越来越强，因此对专业人才的要求也越来越高。在知识经济时代，由产业结构、行业结构、社会结构共同决定的职业结构发生了巨大变化，职业越来越向高科技化、智能化、专业化方向发展。知识及知识的运用，是人类又一财富之源，是社会发展又一动力之源，而知识只有转化为现实的生产力才能改变命运。

4. 职业的价值

职业的价值是满足人的精神需要。从价值属性来讲，职业是人的综合素养在劳动中发挥调节作用的体现，是个人通过向社会做出贡献来满足自己的精神需要的工作。个人的世界观、人生观、价值观决定了人的职业观，而人的职业观决定了人的职业幸福观。反过来，如果一个人能够将服务社会、贡献社会作为自己最大的幸福和精神追求，那么职业就成了劳动者创造人生价值的舞台、实现生活理想的桥梁、发挥聪明才智的场所、奉献社会的理想归宿。

正如马克思所说："如果我们选择了最能为人类福利而劳动的职业，那么重担就不能把我们压倒，因为这是为大家而献身；那时我们所感到的就不是可怜的、有限的、自私的乐趣，我们的幸福将属于千百万人，我们的事业将默默地、但永恒地发挥作用下去，面对我们的骨灰，高尚的人们将洒下热泪。"

实际上，人的一生是以职业为依托，通过职业把自己的聪明才智贡献给社会，得到社会的认可，做一个对社会有用的人，就是人们最大的幸福与追求。

（二）职业的分类

20 世纪 90 年代中期，随着社会主义市场经济体制的逐步建立和科学技术的迅猛发展，我国的社会经济领域发生了重大变革，这对人力资源管理提出了新的要求。为此，国家提出要制定各种职业的资格标准和录用标准，实行学历文凭和职业资格两种证书制度。《中华人民共和国劳动法》中明确规定："国家确定职业分类，对规定的职业制定职业技能标准，实行职业资格证书制度。"根据社会经济发展的需要，1995 年 2 月，劳动和社会保障部、国家统计局和国家质量技术监督局联合中央各部委共同成立了国家职业分类大典和职业资格工作委员会，组织社会各界上千名专家，经过四年的艰苦努力，于 1998 年 12 月编制完成了《中华人民共和国职业分类大典》，并于 1999 年 5 月正式颁布实施。

《中华人民共和国职业分类大典》（以下简称《大典》）是我国第一部对职业进行科学分类的权威性文献。由于它的编制与国家标准《职业分类与代码》

（GB/T 6565—2015）的修订同步进行，相互完全兼容，因此，它本身也就代表了国家标准。《大典》的重要贡献在于，它在广泛借鉴国际先进经验（特别是《国际标准职业分类》）和深入分析我国社会职业构成的基础上，突破了过去以行业管理机构为主体，以归口部门、单位甚至用工形式来划分职业的传统模式，采用了以从业人员工作性质的同一性作为职业划分标准的新原则，并对各个职业的定义、工作活动的内容和形式，以及工作活动的范围等作了具体描述，体现了职业活动本身固有的社会性、目的性、规范性、稳定性和群体性的特征。《大典》科学地、客观地、全面地反映了当前我国社会的职业构成，填补了我国长期以来在国家统一职业分类领域存在的空白，具有深远的意义和广泛的应用领域。

《大典》把我国职业划分为由大到小、由粗到细分为大类（8 个）、中类（66 个）、小类（413 个）、细类（1838 个）四个层次。细类为最小类别，即职业。8 个大类分别是：

（1）第一大类，即国家机关、党群组织、企业、事业单位负责人，其中包括 5 个中类、16 个小类、25 个细类；

（2）第二大类，即专业技术人员，其中包括 14 个中类、115 个小类、379 个细类；

（3）第三大类，即办事人员和有关人员，其中包括 4 个中类、12 个小类、45 个细类；

（4）第四大类，即商业、服务业人员，其中包括 8 个中类、43 个小类、147 个细类；

（5）第五大类，即农、林、牧、渔、水利业生产人员，其中包括 6 个中类、30 个小类、121 个细类；

（6）第六大类，即生产、运输设备操作人员及有关人员，其中包括 27 个中类、195 个小类、1119 个细类；

（7）第七大类，即军人，其中包括 1 个中类、1 个小类、1 个细类；

（8）第八大类，即不便分类的其他从业人员，其中包括 1 个中类、1 个小类、1 个细类。

从职业结构看，职业的分布有以下三个特点。

（1）技术型和技能型职业占主导。占实际职业总量的 60.88%的职业分布在“生产、运输设备操作人员及有关人员”这一大类，它们分属我国工业生产的各个主要领域。从这类职业的工作内容分析，其特点是以技术型和技能型操作为主。

（2）第三产业职业比重较小，仅占实际职业总量的8%左右。三大产业中的职业分布，以第二产业的职业比重最大。

（3）知识型与高新技术型职业较少。现有职业结构中，属于知识型与高新技术型的职业数量不超过总量的3%。

为保证各地劳动力市场使用的职业分类与代码的科学和规范，有利于劳动力市场信息联网，劳动和社会保障部在主持编纂《职业分类大典》的同时，根据重新修订的职业分类国家标准《职业分类与代码》（GB/T 6565—1999）和《职业分类大典》，制定了《劳动力市场职业分类与代码》（LB 501—1999），并于2002年进行了修改。新标准《劳动力市场职业分类与代码》（LB 501—2002）分为6个大类，56个中类，236个小类，17个细类。

（三）职业的意义

职业是学生明确职业选择的基础。许多刚入学的新生满怀着对未来的憧憬来到了高职院校，可是到学校后发现，与过去初高中阶段所学的知识结构、学习方式不同。这时他们才逐渐认识到原来选择高职院校，就等于选择了未来的人生道路；选择了专业，就等于选择了未来的职业方向。高职教育的特点就是要实施高等职业教育，就是为了培养在生产、服务、技术、管理一线的高素质高技能的国际应用型人才，这体现了高职教育的职业性要求。因此，如果不能对职业有清晰明确的了解和认识，高职生就会陷入学习的茫然而感到失落或失望，就会丧失学习的目标而整天无所事事、虚度青春年华。高职生要提高专业学习的主动性和积极性，激发学好专业知识、服务社会的热情和动力，明确未来职业选择的方向，就要首先从对职业的了解开始。

1. 了解职业的名称，提高对职业的感性认识

1999年5月正式颁布的《大典》对中国社会职业进行了科学划分和归类，对职业名称、职业定义、工作活动的内容、范围及与工种的联系等作了准确的界定和表述，全面客观地反映了我国当时的社会职业结构状况，是高职生学习和了解职业的权威文献。

随着经济的发展、科学技术的进步，客观反映这一进程的职业结构也发生

了相应的变化，国家产业结构的调整也引起了一些传统职业活动内容的变化和一批新职业的诞生，2015 年版《大典》调整后的职业分类结构为 8 个大类、75 个中类、434 个小类、1481 个职业，与 1999 年版《大典》相比，维持 8 个大类不变，减少 547 个职业（其中新增 347 个职业，取消 894 个职业）。结合人力资源和社会保障部（原劳动和社会保障部）发布的新职业与 2015 年版《大典》中的新职业，归纳总结近年来的新职业。

2. 了解特定职业的定义，明确职业选择的方向

在《大典》对职业定义的基础上，我国原劳动和社会保障部（现人力资源和社会保障部）自 2004 年 8 月开始发布新职业信息的同时，也对新职业进行了定义。例如，会展策划师是从事会展的市场调研、方案策划、销售和营运管理等相关活动的专业人员。会展设计师是运用现代设计理念，从事大型、中型、小型会展，节庆活动空间环境的展示设计，施工并提供具有创造性和艺术感染力的视觉化表现服务的人员。了解了某一特定职业的定义，便于让高职生对某一特定职业的性质和内涵有明确的认识，为明确职业选择的方向奠定基础。

3. 了解特定职业的技能要求，提高专业学习的自觉性

了解特定职业的技能要求，提高专业学习的自觉性与高职生现在所学专业有一定联系的职业定义，以会展专业为例，会展策划师、会展设计师都是会展专业的学生未来的职业选择方向，那么会展专业的学生，在了解职业名称、职业定义基础上，就要深入了解该职业所需的能力要求。其他专业的学生，同样也可以根据这些新职业揭示的职业发展的趋势作为职业选择的依据，提早进行专业知识的储备、专业技能的培养。以某一特定职业为例，编者归纳了其工作内容和范围，以便让高职生对特定职业的工作内容和技能要求有清晰的认知，提高专业学习的自觉性。

二、职业软技能

职业软技能主要由工匠精神、职业习惯、职业能力、职业素养构成。工作中需要知识和技能，但更需要职业的智慧，谁能具备这些做事的智慧，就拥有了做人的基础，谁就会生存、能生存。做事先做人，只有做好了人，才能做好了事。因此，高职生有意识地训练自己的职业素养是极为必要的。

（一）职业软技能的含义与特征

1. 职业软技能的含义

职业软技能是人们在职业活动中表现出来的综合品质，它反映一个人自觉遵守职业行为规范的状况和水平，是职业的内在要求在个体行为中的体现。职业素养所具有的内在品质外化成为可衡量的因素时，就体现为一个职业人在职业活动中成功的素养，这些素养综合表现为职业软技能。

一个人的成功是因为他具备精益求精的职业精神、忠诚负责的职业态度、科学的职业理想、严格执行操作规范的职业习惯、团结协作的职业意识、踏实肯干积极创新的职业形象。作为人类在社会活动中需要遵守的行为规范而言，个体在职业活动中表现出来的综合品质构成了自身的职业软技能，职业素养是内在品质，个体行为是外在表征。物质决定意识，意识对物质具有能动作用。那么，一个人如何认识职业，必然在职业活动中通过他的行为表现出来，不同的职业观决定着不同的行为。因此从这个意义上说，职业素养是一个人职业生涯成败的关键因素。

2. 职业软技能的特征

➢ **普遍性**

职业素养是人们在社会活动中需要遵守的行为规范，这种行为规范具有普遍性的特征。尽管现代社会发展和分工细化正在创造出越来越多的职业、工种和岗位，然而它们实质上却具有许多相通的、共同的职业功能模块。每一个具体的职业、工种和岗位领域，都需要一定数量的职业特定素养。从总量上看，它们是最大的，而从适用范围看，它们是最狭窄的。对每一个行业来说，又存在着一定数量的共同适用的素养（也可以称为行业通用素养），从数量上看，它们比职业特定素养显然少得多，但是它们的适用范围涵盖整个行业领域。就更大范围而言，必定存在着一些从事任何职业或行业工作都需要的、具有普遍适用性的素养，这就是核心素养。核心素养是从业者必须具有的通用的职业素养。

不同的职业，虽然劳动条件、工作对象、工作性质等有所差异，但职业素养却是人们在长期的社会实践过程中逐渐形成的，是人们在社会活动中需要遵守的共同的行为规范。爱岗敬业、诚实守信、办事公道、服务群众、奉献社会的要求是一致的，只要做到了这些，无论从事的是什么职业，同样能够成就一番事业。

➢ **特殊性**

随着社会的进步，社会分工越来越细，职业种类越来越多，职业的差别也越来越大，因此对从业者职业素养的要求呈现出特殊性的特点。我国的产业结构必将发生重大变化，随之会产生许多新行业，增加许多新职业。

根据人才需求预测，我国未来10年急需的人才有金融分析师、网商、健康管理师、心理咨询师等。这些不同的职业，具体的职业规范是有差异的，根据具体职业要求培养职业素养就显得尤为重要。不同的企业文化对从业者也提出了新的要求，只有具体问题具体分析，才能在变化中求得进步与发展。

➢ **层次性**

不同的职业对从业者职业素养的要求是有差异的，同一职业的不同劳动者表现出的职业素养是有高低的。同一任务由高素养的职业劳动者完成是能起到事半功倍的效果的，这对提高企业的效益是大有益处的，所以许多企业希望招到职业素养高的人。

每一种职业都有一定的技术含量或技术规范要求。职业教育就是要进行专业知识教育、专门的技术技能或操作规程的训练。职业是人们从事的专业业务，必须具备专业的知识、能力和特定的职业素养。如设备维修工既要学习电路、制图等专业知识，又要掌握发现故障、排除故障等技能，更要有热情服务的工作态度。随着社会的发展、科技的进步，劳动的专业化程度越来越高，职业的专业性越来越强。但是专业技术水平高的人，他的职业素养水平未必也高：有的忠诚于企业，有的频繁跳槽；有的爱岗敬业、踏实肯干，有的得过且过、眼高手低。

近年来，一方面部分毕业生很难找到一份满意的工作，而另一方面很多企业又在叹息招不到合适的人选。很多事实表明，这种现象的存在与学生的职业素养难以满足企业的要求有关。部分学生只注重了专业技能的培养，却忽视了职业素养的培养，致使企业与学生都不能如意。满足社会需要是高职教育的目的之一。既然社会需要具有较高的职业素养的毕业生，那么高职教育应该把培养学生的职业素养作为其重要目标之一。同时，学校也要主动走出校园，深入企业，与企业携手共同提高学生的职业素养。

➢ **内在性**

职业素养是职业内在的要求，是人在社会实践中长期积累的结果，是人接受知识、技能的教育和培养，并通过实践磨炼后逐步养成的，同时也是将外在的社会规范内化、积淀和升华的结果，具有内在性的特征。正因为如此，对待工作的态度一旦形成就不易发生变化，比较稳定地在人的职业生涯中发挥作用。因此，职业素养训练的目的就是焕发每一个人深藏于内心深处的善意，从而才能外化为职业实践中的善行。

职业精神、职业态度、职业习惯和职业意识等方面，是人们看不见的、内在性的职业素养。但正是这内在性职业素养决定、支撑着外在性的职业素养，外在性的职业素养是内在性职业素养的外在表现。

正是由于看到了职业素养的内在性特征，认识到了职业责任感等内在性职业素养在职业实践中的重要作用，高职生要从现在开始着手有意识地培养自己职业态度等内在性的职业素养以适应企业和社会的要求。

➢ **外显性**

职业素养是一个人在职业过程中通过行为表现出来的综合品质，具有外显性的特征。职业素养可以通过个体在工作中的行为来表现，而这些行为以个体的知识、技能、价值观、态度、意志等为基础。良好的职业素养是企业必需的，是个人事业成功的基础，是高职生进入企业的“金钥匙”。

高职学生的形象、资质、知识、职业行为和职业技能等方面，是人们看得见的、外显性的职业素养，这些可以通过学历证书、职业资格证书来证明，或者通过专业考试来验证。

➢ **时代性**

生产力的发展、科技的进步必然带来职业的迅猛发展，职业具有时代性，不同时代有不同的热门职业。热门职业急需新型人才有：云计算、大数据等技术人才，三维、3D 设计等技术人才，环保和能源等技术人才。新型人才需要具备时代要求的新的职业素养。

职业素养体现一个职业人在职场中成功的素养及智慧。信息时代、知识经济时代不仅要求从业者具备较强的专业技能，更要具备较高的职业软技能，这就是时代对从业者提出的崭新要求。

（二）职业软技能的必备精神——工匠精神

工匠精神源远流长，在我国传统文化中不难寻其踪迹。从庄子“技进乎道”到魏源“技可进乎道，艺可通乎神”，他们所提到的“技”，指的就是工匠精神。

工匠精神体现在产品“从99%提高到99.99%”的过程中，它是认真、执着、精细、完美的代名词。正是技术从业者们精益求精、追求完美，才能让生产过程成为类似工艺品的雕琢过程，铸就了我国传统制造业曾经的辉煌。

1. 工匠精神的起源

工匠精神在中国自古有之。工匠是指有手艺专长的人，距今大约两万年前的陶工，是迄今考古发现的最早工匠。工匠一词最早指的就是手工业者，他们在古代被称为“百工”，是社会成员之一。成书于春秋末期战国初期的《周礼·考工记》是我国已知年代最久远的手工业技术文献，这本书在中国工艺美术史、科技史、文化史上有着举足轻重的地位，在当时的世界上也是独一无二的。自舜帝时期开始，再到夏朝的奚仲、商朝的傅说、春秋战国的匠庆，工匠开始大量出现在史书之中，其演变历史也随着我国古代政治、文化、商业、科技等领域的发展而不断推进，由此形成了我国独特悠久的工匠文化和工匠精神。

2. 工匠精神的内涵

工匠精神是一种敬业、精益、专注、创新的职业精神，是对精品有着执着的坚持和追求，精益求精的精神理念是从业者的一种职业价值取向和行为表现。工匠精神是社会文明进步的重要尺度，是中国制造业的精神源泉，是企业竞争发展的品牌资本，是员工个人成长的道德指引。工匠精神就是追求卓越的创造精神、精益求精的品质精神、用户至上的服务精神。工匠精神的内涵如下。

➢ **敬业**

敬业是从业者基于对职业的敬畏和热爱而产生的一种全身心投入的认认真真、尽职尽责的职业精神状态。中华民族历来有“敬业乐群”“忠于职守”的传统，敬业是中国人的传统美德，也是当今社会主义核心价值观的基本要求之一。早在春秋时期，孔子就主张一生中人始终要“执事敬”“事思敬”“修己以敬”。“执事敬”是指行事要严肃认真、不怠慢；“事思敬”是指临事要专心致志、不懈怠；“修己以敬”是指加强自身修养，保持恭敬谦逊的态度。

➢ **精益**

精益就是精益求精，是从业者对每件产品、每道工序都凝神聚力、精益求精、追求极致的职业品质。所谓精益求精，是指已经做得很好了，还要求做得更好，即使做一颗螺钉也要做到最好。正如老子所说：“天下大事，必作于细。”

能基业长青的企业，无不是精益求精才获得成功的。

➢ **专注**

专注就是内心笃定而着眼于细节的耐心、执着、坚持的精神，这是一切“大国工匠”所必须具备的精神特质。从中外实践经验来看，工匠精神意味着一种执着，即一种几十年如一日的坚持与韧性。术业有专攻，一旦选定行业，就一门心思扎根下去，心无旁骛，在一个细分产品线上不断积累优势，在各自领域成为“领头羊”。

➢ **创新**

创新就是追求突破、追求革新的创新内涵。古往今来，热衷于创新和发明的工匠们一直是世界科技进步的重要推动力量。新中国成立初期，我国涌现出一大批优秀的工匠，如倪志福、郝建秀等，他们为社会主义建设事业做出了突出贡献。改革开放以来，“汉字激光照排系统之父”王选、“中国第一、全球第二的充电电池制造商”王传福、从事高铁研制生产的铁路工人，以及从事特高压、智能电网运行研究的电力工人等都是工匠精神的优秀传承者，他们让中国创新重新影响了世界。

3. 提倡工匠精神的意义

➢ **时代发展的需要**

时代发展理念集中体现了更长时期我国的发展思路、方向和着力点，深刻揭示了实现更高质量，更有效率、更加公平、更可持续发展的必由之路。新发展理念的提出，把握了发展速度变化、结构优化、动力转换的新特点，顺应了推动经济保持中高速增长、产业迈向中高端水平的新要求，点明了破解发展难题的新路径。在这个过程中，必须充分发挥追求完美、耐心专注、一丝不苟、不走捷径的工匠精神的引领作用，才能更好地推动发展方式转变，提高发展质量和效益。

➢ **高品质改革的需要**

当前，许多行业低端产能过剩，但中高端产能稍显不足，生产与供给无法满足社会日益增长的中高端需求。由于无法在国内买到高质量的产品，一些购买力流向国外。为了充分满足市场需求，促使技术创新与行业进步，这就需要弘扬工匠精神，让企业对质量精心打磨，对品牌精心呵护，让职工对工作一丝不苟、精益求精，追求卓越。

➢ **制造业升级的需要**

制造业是国民经济的主体，是立国之本、兴国之器、强国之基。当前，我国制造业大而不强，科技含量有待提高，结构调整和转型升级的任务越来越紧迫。这就需要弘扬工匠精神，通过科技创新与技术创新推进制造业的质量升级、技术升级、产业升级，真正实现从量到质、从速度到效益、从旧动力到新动力的更迭转换。

人类社会发展的历史告诉人们，人的现代化是社会现代化的核心，但是人的现代化总是滞后于物的现代化。“工欲善其事，必先利其器”，但仅有“利器”，未必能“善事”，想要“善事”，关键在于用“利器”的人。现在影响我国社会现代化进程的关键因素不是物，而是人。这就需要弘扬工匠精神，用精益求精、追求卓越去推进人的现代化，去培育善用“利器”的人。工匠精神不是口号，它存在于每一个人身上、心中。长久以来，正是由于缺乏对精品的坚持、追求和积累，才让人们的个人成长之路崎岖坎坷，企业的发展之途充满荆棘。这种缺乏也让持久创新变得异常艰难，更让基业长青成为凤毛麟角。因此，重提工匠精神、重塑工匠精神，是个人、企业、国家生存发展的必经之路。

（三）职业软技能的职业习惯

1. 积极主动

积极主动不仅指行事的态度，还意味着人一定要对自己的人生负责。个人行为主要取决于自身的抉择，而不是外在的环境，人类应该有营造有利的外在环境的积极性和责任感。

许多刚毕业的学生进入职场以后，能够主动承担本职工作，在工作之余主动学习工作方法及技能，其积极工作与主动学习的态度，会逐步表现在工作业绩与工作能力上，为自己的职场发展开启一个美好的成长之旅。

2. 以终为始

以终为始适用于不同的环境和生活层面，但最基本的应用，还是以人生目标作为衡量一切的标准。一言一行、一举一动，无论发生在何时，都必须遵循这一原则，即由个人最重视的期许或价值观来决定一切。牢记自己的目标或者使命，就能确定日常的所作所为是否与之南辕北辙。

以终为始是指在做任何事之前，都要先认清方向。这样不但可以对目前的处境了如指掌，而且不至于在追求目标的过程中误入歧途，白费功夫。高效能的人擅长设计自己的未来，他们认真地计划自己要成为什么人、想做些什么、要拥有什么，并且清晰、明确地写出，以此作为决策指导。这将确保自己的行为与目标保持一致，并且不受其他人或外界环境的影响。

3. 要事第一

要事第一这个习惯让人受益匪浅，是积极主动和以终为始的具体实践，它要求人们运用独立意志努力实现目标。

高效能的人只有少量非常重要且需立即处理的紧急、危机事件，他们将工作重点放在重要但不紧急的事情上，来保持效益与效率的平衡。有效管理是把最重要的事放在第一位，重点管理。

因此，要知道自己的事情哪些是重要的，自己掌握重点并时刻把它放在第一位，以免被感觉、情绪或其他事情干扰。

4. 双赢思维

懂得利人利己的人，把生活看作一个合作的舞台，而不是角斗场。一般人遇事多用两分法：非强即弱，非胜即败。其实，世界给了每个人足够的立足空间，他人之得并非自己之失。因此，双赢思维成为人们运用于人际领导的原则。树立双赢思维就是要在人际交往中不断寻求互利，以达成双方都满意并致力于合作的目标。

5. 知彼解己——移情沟通

了解他人与表达自我是人际沟通不可缺少的要素。首先要了解对方，然后争取让对方了解自己，才是进行有效人际交流的关键；要培养设身处地换位思考的沟通习惯；欲求别人的理解，首先要理解对方；有效地倾听不仅可以获取广泛的准确信息，还有助于双方情感的积累。当修养到了能把握自己、保持心态平和、抵御外界干扰时，沟通能力就上了一个台阶。

6. 统合综效

统合综效就是通过创造性合作，实现整体大于部分之和。例如，两块砖头合在一起所能承受的力量大于两个单块砖头所能承受力量的总和。集思广益的合作，威力无比。只有当人人都敞开胸怀，以接纳的心态尊重差异时，才能众志成城。

7. 不断更新

人生最值得投资的就是自己。社会复杂多变，人们掌握的知识需要更新，固有的思维需要开拓，如果进步的速度低于社会进步的速度，那就落后了；如果进步的速度超越社会进步的速度，才算真正进步了。因此，在这个信息跌宕起伏、瞬息万变的社会中生存，需要不断更新自己的认知、不断投资自己，身心平衡地生活在这个社会中。

（四）职业软技能的核心职业能力

（1）目标管理能力。目标管理能力的固化对应的是“以终为始”习惯的养成。在做每件事之前首先要明确自己的目标，在做事的过程中，时刻牢记自己的目标，长此以往，就能更快更好地达成自己的目标。

（2）时间管理能力。时间管理能力的固化对应的是“要事第一”习惯的养成，时间对每一个人都是平等的，它是生命中唯一的单行线，只能前进，无法后退。人这一辈子一定要对自己的时间有掌控权，每个人每天都有很多事情要做，而时间却是有限的。如何在有限的时间里完成这一长串清单，就需要对这一长串清单的事件进行主次分类，先把时间安排给最重要的事情。在一天结束的时候，复盘自己的一天，最重要的事情都已经完成，时间安排得非常合理，长此以往就会拥有一个高效的人生。

（3）沟通能力。沟通能力的固化对应的是知彼解己习惯的养成，沟通无处不在。每个人的成长环境．接受教育经历和程度不同造成了每个人的思维及认知不同，所以在沟通的过程中存在不同的认知和分歧。而人在职业环境中，沟通是必不可少的。因此，沟通能力的提升对人们工作、生活、日常交际都尤为重要，知彼解己是良好沟通能力的充分体现。每个人每天在职场要跟各种各样的人沟通，要明确沟通对象语言背后的需求，同时明确自己的内心需求，并且在沟通的过程中通过沟通对象的反馈，明确自己的需求是否表达清楚，最后使信息有效传递，提高工作效率。

（4）团队合作能力。团队合作能力的固化对应的是统合综效习惯和双赢思维习惯的养成。大部分学生毕业以后会进入企业工作，企业对员工团队合作能力的需求较高。没有完美的个人，只有完美的团队，统合综效这个习惯的精髓就是“1+1>2”，这也是团队合作要达到的目的。培养统合综效习惯就要求每个人要尊重差异，在这个过程中又要有双赢思维，能够达到最高级别的沟通，使所有人的目标一致，凝心聚力，发挥出团队的最大价值。

（5）创新能力。创新能力的固化对应的是不断更新习惯的养成。时代在进步，我们需要不断地提升自己的思维，跳出现有的模式，不断尝试新的思路和新的方法，在能力提升的同时，使自己的身心保持在一个健康平衡的状态。

一个合格的职业人要充分施展以上的习惯和能力，就需要有一个积极主动的心态；想要做事情，想要体现自己的价值。因此，积极主动的习惯应贯穿于每一个习惯与能力的培养过程当中。

（五）职业软技能的培养

1. 良好习惯是成功人士的共性

在各个领域中的杰出人士的身上，能发现一个共性，就是具备良好的习惯。成功人士不见得比其他人聪明，但是良好习惯让他们变得更有能力；成功人士也不一定比普通人更有天赋，但是良好习惯却让他们训练有素、技巧纯熟、准备充分；成功人士不一定比那些不成功者更有决心，更加努力，但是良好习惯却放大了他们的决心和努力，并让他们更有效率，更具条理。

知识拓展

培根的故事

1978 年，75 位诺贝尔奖获得者在巴黎聚会，有人问其中一位学者：“你在哪所大学、哪所实验室里学到了你认为最重要的东西呢?”出人意料，这位白发苍苍的学者回答说：“是在幼儿园。”又有人问：“在幼儿园里学到了什么呢?”学者说：“把自己的东西分一半给小伙伴们；不是自己的东西不要拿；东西要放整齐，饭前要洗手，午饭后要休息；做了错事要表示歉意；学习要多思考，要仔细观察大自然。从根本上说，我学到的全部东西就是这些。”这位学者的回答，代表了与会科学家的普遍看法。把科学家们的普遍看法概括起来，就是他们认为终身所学到的最主要的东西是小时候老师给他们培养的良好习惯。英国唯物主义哲学家、科学归纳法的奠基人培根，一生成就斐然。他在谈到习惯时深有感触地说：“习惯真是一种顽强而巨大的力量，它可以主宰人的一生，因此，人从幼年起就应该通过教育培养一种良好的习惯。”

2. 良好习惯的形成阶段

行为心理学研究表明，21 天以上的重复会形成习惯，90 天的重复会形成稳定的习惯，即同一个动作，重复 21 天就会变成习惯性的动作。同样的道理，任何一个想法，重复 21 天，或者重复验证 21 次，就会变成习惯性想法。所以，一个观念如果被自己验证了 21 次以上，它一定已经变成了你的信念。

不管是良好习惯还是不良习惯，都是在不断的重复中慢慢形成的，习惯的形成大致分为以下四个阶段。

（1）第一阶段：1—7 天。这个阶段的特征是“刻意，不自然”。在此阶段需要十分刻意提醒自己，同时也会觉得有些不自然，不舒服。

（2）第二阶段：7—21 天。不要放弃第一阶段的努力，继续重复，跨入第二阶段。这个阶段的特征是“刻意、自然”，既需要内力，也需要外力，但不能完全控制自己。这个时候需要刻意地提醒自己，如果不时常提醒自己，你还会恢复到从前。

（3）第三阶段：21—90 天。这个阶段的特征是“自觉”。这一阶段的特征是“不需外力，但还需内力”。一旦跨入这个阶段，基本上能做到自我要求和自我控制了，偶尔会有反复，但是已经不需要时刻提醒自己。

（4）第四阶段：90—365 天。这个阶段的特征是“自然”，这个阶段的特征是“既不需要外力，也不需要内力”，这一阶段已经完成自我改造，这项习惯已经成为生命中的一个有机组成部分，它会自然而然地为你“效劳”，即形成了一种习惯。

第二章　积极主动

有句话叫："我痛苦，因为我没有鞋穿。直到有一天，我遇到了一个没有双脚的人。"这句话带给我们在遇事时最基本的思维模式，就是凡事要往好处想，再不好的事情，也有其积极的一面。因此，与积极心态对应的关键词应该是正直、乐观、勇敢、友善、进取、自信和有安全感等。

一、积极主动的定义

（一）积极的定义

积极是肯定的、正面的、促进发展的、努力进取的、热心的，与消极相对，多用于抽象事物。

（二）主动的定义

俗话说得好，早起的鸟儿有虫吃，早起的人儿有景看。一个人永远不要等待被鞭子抽打着才愿意前进，主动地出击，自发地努力，为的是得到别人得不到的东西，为的是走到别人走不到的高度。

主动就是不用别人告诉你，你就能出色地完成工作。次之，就是别人告诉了你一次，你就能去做。那些人会得到很高的荣誉，但不一定总能得到相应的报偿。再次之，就是这样一些人，别人告诉了他们两次，他们才会去做。这些人不会得到荣誉，报偿也很微薄。更次之，就是有些人只有在形势所迫时才能把事情做好，他们得到的只是冷漠而不是荣誉，报偿更是微不足道了。这种人是在"磨洋工"。

最等而下之的就是这种人，即使有人追着他，告诉他怎么去做，并且盯着他做，他也不会把事情做好。这种人总是失业，遭到别人蔑视也是咎由自取。

二、积极主动的要素

（一）主动心态

联系学生生活中实例，在学习、生活中有很多的事情也许没有人安排你去做，如果主动行动起来，不但可以锻炼自己独立思考的能力，学习能力，发现问题、解决问题的能力，同时也为自己的生活、学习积蓄能量。当自己主动去打招呼、主动结交朋友时，会使自己越来越快乐，人生也越来越精彩，但如果什么事情都需要别人来告诉时，就表示已经很落后了。

（二）接纳当下

联系学生生活中实例，学着去感受过去不曾意识到的事情，去感受你在生气或是反对某些事情，感受你对某事不满或是对某事充满热情，感受你能理解他人或是渴望与他人沟通。当你发现并愿意接纳这些时，心胸会变得豁达起来。你不再那么害怕与人交流，会主动训练自己的技能，主动寻求老师的指导。

（三）自由选择

联系学生未来就业实例，一个主动的人懂得积极进取，在任何时候、任何情况下都拥有自由选择的权利，不被外界所操控，是追寻自己内心声音的，是自律的，知道自己要什么，不要什么，什么东西是不能要的，什么东西是必须要的。你未来想要进入一个怎样的公司，想要从事哪方面的工作，你对什么工作感兴趣，你想拥有怎样的工作环境？

（四）责任

联系学生未来就业实例，根据自己的意愿做出选择，那么选择的结果无论好坏，都要对结果负责。当你选择了自己的职业时，就要为自己的行为负责。比如当你负责一个项目或是管理一个团队时，你所做的每一个决定，所做的每一个选择，都会对后期的结果造成一定的影响，无论结果如何，都要为此负责。

（五）不抱怨

联系学生生活实例，人生在世，不如意十有八九。面对生活中许多不顺心的事情，多数人第一反应就是抱怨，一旦有了抱怨心理，生活就很容易陷入被动的局面。经常会认为“我努力啦”“是他没看到我的潜力”“我只是没遇到我的伯乐”，可是你有没有想过如何去证明你的努力有结果，如何去证明你的潜力，如何证明你是千里马？因此，先要学会接纳现实，不抱怨。

三、项目实践——拥抱自信，梦想启航

（一）活动1 勇敢迈出一步

1. 活动流程

（1）第一轮：展现最灿烂的笑容，伸出热情的双手，去和身边的同学打招呼，握手、问好。问好结束后，教师询问握手的次数。

1）询问状况：“跟1位同学握手的请举手”“跟2位同学握手的请举手”“跟3位同学握手的请举手”，依次询问。

2）状况分析：在第一轮握手中，当询问到“跟5～10位同学握手的请举手”时，已经基本没有人举手了。

（2）第二轮：起立，离开座位，展现最灿烂的笑容，伸出热情的双手，去和身边的同学打招呼、握手、问好（老师可以引导学生走动起来），跟更多的同学打招呼。问好结束后，教师询问学生握手的次数（播放音乐：《永远是朋友》，音乐可以带动学生的热情）。

1）询问状况：“跟5位同学握手的请举手”“跟10位同学握手的请举手”“跟15位同学握手的请举手”，依次询问。

2）状况分析：第二轮握手，握手次数多的同学可能会达到20次以上。

问题：

对比两次打招呼，你的感受是什么，你从中学到了什么？

2. 活动总结

在第一轮活动中，只跟坐在周围的同学打招呼（三四个人），但是当走动起来的时候，就能跟全班人打招呼。其实人与人之间的交往就是这么容易，只要迈出一步，就有了很多很多的可能性。

3. 活动点评

很多时候，迈出一步就会有更多的可能性。不管是与人交往还是学习，甚至是在未来的工作就业中，只要站起来迈出一步，收获就会完全不同。

（二）活动2　我为自己选角色

1. 活动流程

（1）调查一：你来这课堂的目的是什么？

1）调查问题：

①来到这个课堂，怀着一种“好奇心”的同学请举手；

②给父母、给我或给其他人面子来的同学请举手；

③今天你是“被迫”来到这个课堂的同学请举手；

④你的确是想来学点东西，提升一下自己的，请举手。

2）调查点评：希望同学们“既来之则安之”，一定要全身心地投入，去达到自己的目标。

（2）调查二：世界杯都有谁？

1）调查问题：

①教练是干什么的；

②评论员是干什么的；

③裁判是干什么的；

④球员是干什么的。

依次引导学生回答上述问题。

2）调查点评：希望同学们在课堂上积极争当参与者，学有所得，学有所获。

2. 调查结束引导

如果是带着好奇心来的，课程结束后，同学的好奇心就会得到满足，但是除了好奇心之外，得不到其他任何东西。就像放电影一样，电影结束了，课程也就结束了。

3. 活动总结

选完角色，一起来制定课程规则：

(1) 全程参与课程，不中途退场；

(2) 相互尊重，别人发言时不打断、不嘲笑；

(3) 课堂内不吃东西，不随意离开教室；

(4) 只能在教师指定的时间发问；

(5) 课堂内关闭手机或将手机调为静音状态。

(三) 活动3　认识自我

1. 建队分组

(1) 每组6~8人，按照班级人数调整；

(2) 分组形式建议按顺序依次报数，男女比例均衡；

(3) 分好组后，面朝内围成圈坐在一起。

2. 竞选队长

(1) 引导学生举手，参与队长竞选。

引导语

我们从小到大，都是在他人（家长，教师、班长）的领导下度过的，今天想不想做一次领导呢？

同学们组成了新的小组，接下来，你们将一起学习课程，一起面对挑战，一起成长。哪位同学愿意带领这个团队完成接下来的任务，展示自己的力量？哪位同学想在今天的活动中取得最大的进步和收获呢？决心改变自己、让自己更优秀、展示自己的人请举手！

(2) 引导后，每组内如果有一人以上举手，组内进行投票选举。

(3) 队长就职演说：“我是×××，我将带领我的团队……”

3. 团队建设

（1）队长带领队员建队，将队名、口号和团队 Logo 写在 A4 纸上，优先完成的队伍向教师报备。

（2）队长带领队员设计团队展示，优先完成的队伍向教师报备，展示必须有口号+动作（造型）。口号：我们的队名是×××（队长带领），我们的口号是……（队员一起）。

（3）教师时刻关注学生的团队建设完成状况，可用积分累加激励学生参与活动的热情，按照任务完成速度和完成质量视情况加分。加分原则：第一名优先加分。

（四）活动 4　我的梦想

（1）你小时候的梦想是什么？

（2）我们小时候都有很多的梦想，经过岁月的洗礼，我们儿时的那个梦想是否有改变，是否还存在？说说为了实现你的梦想，你将具体做什么？

（3）讨论、分享：学生们组内讨论并分享参与活动的感受。推荐 1—2 名同学进行分享。

第三章　以终为始

一、目标

（一）目标的定义与特征

1. 目标的定义

目标本义是指瞄准、观察或打击的对象，后来逐渐引申为个人，部门或整个组织所期望得到的成果。

2. 目标的特征

（1）目标具有主观性。目标是对活动预期结果的主观设想，是在头脑中形成的一种主观意识形态。

（2）目标具有方向性。目标是活动的预期目的．会为活动的进行提供方向。

（3）目标具有现实性。目标的价值性，可操作性构成了目标的现实性。从现实目标满足期望程度看，可分为理想目标、满意目标、勉强目标和不得已目标。

（4）目标具有社会性。目标会受到政治、经济、文化等因素的影响，因此目标都是带有社会性的。

（5）目标具有实践性。目标具有为实践活动指明方向的作用，只有通过实践活动才能实现目标。

（二）目标的分类

1. 按主体对象划分

根据目标的主体对象不同，可将目标划分为个人目标与组织目标。个人目标是指通过个人一定的努力，有望得到的结果或达到的效果。组织目标是指一个组织未来一段时间内要实现的目标，是组织希望努力争取达到的未来状态，它是组织中一切成员的行动指南，是组织决策、效率评价，协调和考核的基本依据。组织目标具有差异性、多元性、层次性和时间性。

组织目标与成员个人目标是否协调一致及一致程度直接影响着组织目标能否实现和实现目标的效率。有时候，个人目标与组织目标是一致的，有时候会出现个人目标与组织目标互相冲突的情况。

2. 按目标受益人群划分

按照目标受益人群的不同，可将目标分为主要目标和次要目标。主要目标是指那些直接关系到组织主要受益人群体的需求和愿望的满足的目标；次要目标是指组织必须满足各种各样的次要受益人群体的需求和愿望。

3. 按目标的时间跨度划分

按时间跨度区分，目标通常可以分为短期目标、中期目标和长期目标。短期目标是指期望在 1 年内达到的目标，短期目标通常全面又具体；中期目标是指期望在 2—5 年内达到的一些目标；长期目标是指期望在 5—10 年或更长的时间内达到的一些目标。

目标期限的长短是相对而言的，不同的人或不同的组织对于长短期目标有不同的界定，不能一概而论。

4. 按目标的呈现程度划分

根据目标的呈现程度不同，可将目标划分为显目标和隐目标。显目标指组织所建立的官方的、正规的目标；隐目标是组织在事实上所实际朝向的非官方的目标。

（三）目标的作用

1. 指明方向

目标的制定能够为活动提供行动的方向，因此有人把目标的这一作用比喻为“北斗星”。

2. 激励作用

目标是一种激励的力量源泉。人只有明确了目标之后，才能调动潜在努力，使其为了实现目标而倾尽全力。同时，达到目标后所产生的成就感和满足感也会再一次转化为激励人们继续努力的动力。有学者曾研究了目标对打字员、司机、电脑数据录入员、装卸工人及某些服务人员的激励效果，结果显示，明确的工作目标可使工作绩效提高 11%—17%。

3. 凝聚作用

在组织中，当组织目标充分体现成员的共同利益，且与成员的个人目标一致时，能够最大限度地激发成员的工作热情，创造力和奉献精神，能够将成员凝聚在一起，为了共同的目标努力。

4. 决策标准和考核依据

目标是衡量一项任务是否完成及完成效果的标准和依据，有了明确的目标，才有了行动的准绳，不会单凭主观意志做决定。

二、目标管理

（一）目标管理的定义与特征

1. 目标管理的定义

目标管理是以目标为导向，以人为中心，以成果为标准，而使组织和个人取得最佳业绩的现代管理方法。目标管理也称成果管理，俗称责任制，是指在企业个体职工的积极参与下，自上而下地确定工作目标，并在工作中实行自我控制，自下而上地保证目标实现的一种管理办法。

2. 目标管理的特征

（1）具有目标体系，是一种系统整体管理。

（2）实行参与管理，是一种民主的管理。目标管理是员工参与管理的一种形式，由上下级共同商定，依次确定各种目标。

（3）实行自我控制，是一种自觉的管理。目标管理的基本精神是以自我管理为中心。目标的实施是由目标责任者自我进行，通过自身监督与衡量，不断修正自己的行为，以达到目标的实现。

(4) 注重管理成效，是一种成果的管理。目标管理将评价重点放在工作成效上，按员工的实际贡献大小如实地评价一个人，使评价更具有建设性。

(5) 重视职工培训，是一种提高职工能力的管理。

(二) 目标管理的威力

对企业而言：

(1) 目标管理能达成“高效管理”；

(2) 目标管理能带来“激励干劲，集中精力”的效果；

(3) 目标管理使“解决问题”成为可能；

(4) 目标管理能培养能干的人；

(5) 目标管理能把人与人之间有效连接。

对个人而言：

(1) 为自己的行为设定明确的方向，使人充分了解自己的行为目的；

(2) 使自己知道什么是最重要的事情，有助于合理安排时间；

(3) 迫使自己未雨绸缪，把握今天；

(4) 使人清晰地评估每一个行为的进展，正面检讨每一个行为的效率；

(5) 使人在做某件事没有结果之前，就能预见到结果，从而产生持续的信心、热情与动力。

(三) 目标管理的方法

1. 设定目标

目标是行动的导航灯，能够为行动提供方向。但是在现实生活中，很多人没有目标。人们之所以不设定目标，要么是被恐惧心理支配，担心完不成目标被耻笑；要么是习惯了没有目标，没有计划的生活，意识不到目标的重要性；要么就是每天忙来忙去，误将行动当成就。

进行目标管理的第一步应先设定目标，设定目标要遵循 SMART 原则。

S 代表明确的，是指目标是明确的，要能切中要点，不能笼统。

M 代表可衡量的，是指目标要看得见，够得着，有一组明确的数据或标准，作为衡量是否达到目标的依据。

A 代表可实现的，是指制定的目标要能实现、达到的，不然那不叫目标，叫作梦想。

R 代表相关的，是指目标应当有所关联。每个目标都不是孤立的，而是与其他目标有方方面面的联系。

T 代表有时限的，是指目标制定要有时限性，必须设置目标完成的时间节点，不然会一拖再拖。

➢ **目标要明确**

所谓明确就是要用具体的语言清楚地说明要达成的行为标准。美国马里兰大学的早期研究发现，明确的目标要比只要求人们去做取得的效果更好。明确的目标是成功的关键，目标明确能够为人们指引方向，如果目标不明确，就会迷失前进的方向。

有人说："我将来要做一个伟大的人。"这就是一个不明确的目标，目标一定要明确，比如想把英语学好，那么就要制定好一个目标——每天一定要背若干个单词。

明确目标善用"5W2H"原则：

（1）Why——为什么，为什么这么做，理由何在，原因是什么；

（2）What——是什么，目的是什么，做什么工作；

（3）Where——何处，在哪里做，从哪里入手；

（4）When——何时，什么时间完成，什么时机最适宜；

（5）Who——谁，由谁来承担，谁来完成，谁负责；

（6）How——怎么做，如何提高效率，如何实施，方法怎样；

（7）How much——多少，做到什么程度，数量如何，质量如何，费用、产出如何。

➢ **目标可衡量**

目标的可衡量性是指设定的目标必须要能够判定是否完成，以及完成的效果如何。如果目标不具备可衡量性，也就失去了目标的作用。一般来说，目标分为定性目标和定量目标。要想使目标可以被衡量，一个重要的途径就是将目标量化。虽然目标量化可能会降低一些效率，但对组织活动的控制和对成员的激励有重要作用。

在组织活动中，定性目标也是不可缺少的。定性目标不好把握，在工作计划制订中一定要对定性目标给出可考核的指标。大多数定性目标也是可以考核的，但不可能和定量目标一样衡量得那么精确。尽管确定可衡量的目标十分困难，但任何定性目标都能用详细说明规划，或其他目标和完成日期的方法来增加其可衡量的可能。

➢ **目标可实现**

美国心理学家维克托·弗鲁姆的期望理论认为，人之所以能够从事某项工作并达成组织目标，是因为这些工作和组织目标会帮助他们达到自己的目标，满足自己某方面的需要。同时他也认为，某一活动对某人的激励力量是效价和期望值的乘积。效价是指达到目标后对于满足个人需要其价值的大小，即对工作目标有用性（价值）的评价；期望值是指根据以往的经验，对达到目标并能导致某种结果的概率进行的主观判断，即对工作目标能够实现概率的估计。

如果完成一项工作所达到的效价比较低，接受者会没有动力去完成该项工作；如果一项工作难度超过了能力范围，人们会由于担心难以实现而感到紧张焦虑，即所谓目标性恐惧。目标性恐惧的直接后果是经常使人产生中途放弃的念头，这就是半途效应。目标设定得越不合理就越容易出现半途效应。如果一项工作非常简单，没有任何挑战性的话，那么该目标就失去了激励作用，接受者也会没有动力去完成该项工作。

目标的可接受性和挑战性是对立统一的关系。如果一个目标对其接受者要产生激发作用的话，这个目标必须是可接受的，同时是具有一定的挑战性，需要付出一定的努力才能达成的。

➢ **目标相关联**

目标的制定应和自己的生活、学习、工作相关联，符合实际情况，不可盲目，不可草率。目标的制定要综合考虑自身能力与客观事实，不切实际的目标会让你感觉到离最终的目标很遥远，也会让你望而止步，甚至是知难而退。

➢ **目标有时限**

任何一个目标的设定都应该考虑时间的限定。比如说：“我一定拿到某个技能证。”目标有了，只是不知道是一年完成，还是十年后完成。

2. 分解目标

目标分解就是将总体目标在纵向、横向或时序上分解到各层次、各部门以至具体人，形成目标体系的过程。目标分解是明确目标责任的前提，是使总体目标得以实现的基础。

目标是需要分解的。一个人制定目标的时候，要有最终目标，比如成为世界冠军，更要有阶段目标，比如在某个时间内成绩提高多少。企业也是如此，企业首先有愿景，比如微软的愿景是让每个家庭每张桌子上都有一台电脑，先有战略目标，然后有具体的考核指标，一步一步进行分解。最终目标是宏大的，是引领方向的目标，而阶段目标是具体的，有明确的衡量标准。

➢ **剥洋葱法**

剥洋葱法是一种拆分目标、做计划的方法。把终极目标看作洋葱芯，外面一层层的结构就是实现终极目标需要达成的每一个小目标，从外向内剥洋葱的过程，也就是实现终极目标的过程。

剥洋葱法有两层含义：一层是由远及近，愿景→5—10 年的长期目标→2—3 年的中期目标→6 个月—1 年的短期目标→月、周、日目标，直到知道现在该干什么；另一层是由大到小，将大目标分解成若干小目标，再将每个小目标分解成若干个更小的目标，一直分解下去，直到知道具体应该干什么。

人生目标大致包含事业、财富、家庭生活、学习成长、人际关系、健康休闲六大维度目标。

（1）事业目标。即：你有什么样的梦想，你想做什么事情来达到什么结果，你工作的目的是什么，什么结果会让你感到最安全，做什么事会给你带来无比的快乐。

（2）财富目标。财富目标表现为：如果用金钱来衡量，20 年、10 年、5 年、3 年，应该达到的个人收入是多少，银行存款是多少，投资回报是多少。

（3）家庭生活目标。家庭是温暖人心的港湾，是实现事业目标、财富目标的有力支持，家庭生活目标，即不能一味追求事业而忽略家庭，事业与家庭的和谐发展才是人生圆满的追求。

（4）学习成长目标。在学校求学阶段所获得的知识充其量不过是一生所需的 10%，而另外的 90%以上的知识是在日常的生活中不断获取的。在一个竞争激烈的现代社会，学习成长目标是事业成功，财富积累的源泉。

（5）人际关系目标。人脉中几乎蕴藏着你所需的一切，人际关系目标即拓展人际交往圈，维护人脉资源，这就是在维护人们不断朝着目标迈进的补给线。

（6）健康休闲目标。如果财富目标给人们增添了无数个“0”，如果没有最前面代表健康休闲目标的“1”，也是一无所有。

➢ **多根树法**

树干代表总目标，树杈代表小目标，树叶代表即时目标。多根树法分解的技巧是写下一个大目标，然后问要实现目标的条件是什么，并列出所有的必要条件及充分条件。完成这些条件，其实就是达成该大目标之前必须首先达成的小目标。画出每一个小目标，它们就是大目标的第一层“树杈”。接下来再问要实现这个小目标的条件是什么，并列出达成每一个小口标的所有必要条件及允许条件，变成各处小目标的第二层“树杈”。以此类推，直到画出所有的“树叶”才算完成该目标的多树杈分解。每一个目标的最后都可以描述成一棵“枝繁叶茂的大树”。

检查多树杈分解是否充分、完全时，只需反过去，从叶子到树枝再到树干，不断问：如果这些小目标达成，那么大目标一定会达成吗？若“是”，表示已分解完全；若“不一定”，则表明所列的条件（小目标）还不够充分，继续补充被忽略的树枝（小目标）。

3. 实施目标

如果一味地只知道朝自己的目标前进，而没有一个周密的计划，就会走很多弯路，实现过程会很艰辛。

➢ **PDCA 原则**

（1）P：计划。确定了目标就要制定一个目标实施计划，包括什么时间开始，都需要做什么事、是否需要其他人的帮助、想要达成的效果以及什么时间完成等。

（2）D：实施。按照计划去执行。

（3）C：检查。在计划实施过程中不断检查、评价，看看计划是否合理、对目标实现是否有帮助。

（4）A：改进。对前面检查的结果进行处理，对成功的经验加以肯定；对于失败的教训加以重视；对于没解决的问题，应交给下一个 PDCA 循环中去解决。

在进行目标实施的过程中，会出现一些不可预测的问题，比如，目标实施的环境、条件、资源等发生了变化，那么，就要根据实际情况对目标进行调整和反馈。

当目标达到后，就要设定更高的目标。PDCA 循环就像爬楼梯一样，不断前进，不断提高，每个阶段任务完成后，水平都会得到不断提升。

➢ **目标管理应避免的问题**

（1）没有清晰的、明确的目标，摸着石头过河，走到哪里算哪里。

（2）目标大而空，听起来像口号，喊起来振奋人心，做起来无从下手。

（3）目标变来变去，让人无所适从。

（4）上下目标不一，各吹各的口号，各唱各的调，各有各的心思，各有各的打算。

（5）只考虑制定自己的目标，不考虑相关部门和其他相关人的目标，结果执行目标时得不到资源和相关支持，导致目标执行性很差。

（6）自以为向下分解目标时很顺利，大家没有发表反对意见，其实背地里谁都不认可目标，心里不服，认为上司头脑发热，胡思乱想。

（7）没有将目标变成计划，或者目标与计划脱节，或者是不会制订有效的计划，结果是虽然有目标，但目标是目标，计划是计划，工作是工作，各自脱节。

（8）目标制定完就完了，不会及时，有效地跟踪目标实现的过程。

三、以终为始概述

（一）以终为始的内涵

1. 概念

以终为始是以所有事物都经过两次创造的原则为基础的。所有事物先是在脑海里酝酿，其次才是实质的创造。第一次创造，为规划预期的结果；第二次创造，为实现预期的结果。即先在脑海中确定目标，拟定计划，然后按照计划采取行动，一步步接近目标。

以终为始就是以相反的思维，以终点为起点，以目标为行为的指导，一步步完成实现目标的条件，从而实现目标。

个人、家庭、团队和组织在做任何计划时，均先拟出愿景和目标，并据此塑造未来，全心投入在目标上。比如，行动之前先想好你要去哪里，你到底想要什么，明确方向和目的，然后计划用什么方法去达成。

以终为始的人确定目标后，以目标为起点，制定出实现目标的阶段，并忠于自己的计划，一步步实现阶段目标，最终到达终点。

2. 思维方式

以终为始的思维方式是条件满足法，即有效利用个人的时间、资源、有限的生命，将个人宝贵的时间和精力完全投入想要完成的目标上。一般来说，条件满足法不存在浪费时间和精力的问题，效率非常高。

与条件满足法相对应的是条件选择法，两者的方法论不同。条件选择法是以起点为起点，前一阶段决定后面阶段可选择的范围，有选择必然有浪费。

人要想活得自我，就要用条件满足法，不要浪费自己宝贵的时间和精力，应以终点为起点。

（二）以终为始的基本原则

以终为始的基本原则是：先在脑海里酝酿，然后进行实质创造。换句话说，就是想清楚了目标，然后努力实现之。以终为始的习惯可适用于各个不同的生活层面，而最基本的目的还是人生的最终期许。从上述的实验中，可以挖掘人们心底最根深蒂固的价值观，间接触及影响圈的核心部分。从此时此刻起，一举一动，一切价值标准，都必须以人生的最终愿景为依归，也就是由个人最重视的期许或价值来决定一切。

每个人都可以选择自己的未来，创造一个愿景，选择生活的重心，挖掘人生的终极目标。

1. 选择自己的未来，创造一个愿景

以终为始是一种心智创造，即个人或组织规划如何发展，想取得什么成就等。

以终为始是先有心智创造，然后有实际创造。实际创造就是人们在做事情之前，先想清楚目标和计划，然后再行动，而不是边做事情边想目的，摸着石头过河。

2. 选择生活的重心，发掘人生的终极目标

选择不同的生活重心，人们的目标也会不同。

人生的生活重心没有对错，只有选择的不同。有的人以金钱为中心，有的人以家庭为中心，有的人以事业为中心，有的人以朋友为中心等，人生的重心

决定了自己究竟想成为一个怎样的人。例如，面对临时加班，以家庭为重心的人可能会拒绝；而以工作为重心的人，则会欣然同意；以钱为重心的人，则会视加班费的多少来决定。每个人的生活重心不同，所采取的方式和选择也会不同。但无论如何，都应该以自己的原则为依据。

所谓原则，就是自己重视并秉承的价值观，如公正、诚实、负责任等。有了原则，才能保持客观的态度，从整体的角度衡量，做出主动、不后悔的正确选择。

人人都有生活重心，即使不一定意识得到，但它依旧存在。人们常见的生活重心可以分为以下八种。

（1）以配偶为重心。婚姻可以说是最亲密、最美好的人际关系之一，因此以丈夫或妻子为生活重心，再自然不过了。

（2）以家庭为重心。以家庭为重心的现象也十分普遍，而且理所当然。家的确带来爱与被爱、同甘共苦以及归属的感觉。

（3）以金钱为重心。谁也无法否认金钱的重要性，经济上的安全感也是人类最基本的需求之一，因此追求财富无可厚非。但若唯利是图，往往得不偿失。

（4）以工作为重心。只知埋头苦干的“工作狂”，即使牺牲健康、家庭与人际关系也在所不惜，他的生命价值只在于他的事业，一旦无法工作，他便觉得失去了所有的生活意义。

（5）以名利为重心。占有欲极强的人，想据为己有的不仅包括有形的物质，而且包括无形的名誉、荣耀与社会地位等。

（6）以享乐为重心。在当前崇尚速成的世界里，享乐之风盛行，不足为奇。真正的快乐可使人身心舒畅，短暂的刺激却丝毫不能给人持久的快乐与满足。

（7）以敌人或朋友为重心。为了被同行团体接纳，他们愿付出一切代价，对团体的所有价值观也都照单全收，因而极为依赖团体。当某人觉得遭受到重要人物的不公平待遇后，很容易耿耿于怀，所作所为都为了反抗待他不公的人。他们没有安全感，价值观变化无常，受制于他人的情绪和行为，时时揣摩如何反击。这样的人是没有力量的，时时被别人牵着鼻子走。

（8）以自我为中心。以自我为中心的人最明显的特征就是自私自利。狭隘的自我中心观，会使人缺乏安全感和人生方向，而且也不会有智慧及行动力量。

四、项目实践——笔随心转

（一）训练目标

（1）理解目标的重要性，掌握目标制定的方法，学会分解目标。

（2）培养学生目标管理能力、团队合作能力。

（二）活动实施

1. 课堂规则练习

2—3 次课堂规则练习。

（1）问好方式：教师问好，学生回答“非常好”。

（2）热烈鼓掌：21 响。

（3）最高境界：静悄悄。

2. 活动前调研

请仔细阅读以下问题，每个问题从“非常不赞同”到“非常赞同”有 7 种选择。请根据自己的真实想法进行选择。

（1）之前旅游时，我都制订了详细的计划。（ ）

A. 非常不赞同 B. 不赞同 C. 较不赞同

D. 一般 E. 较赞同 F. 赞同

G. 非常赞同

（2）我认为“学习成绩越来越好”是一个目标。（ ）

A. 非常不赞同 B. 不赞同 C. 较不赞同

D. 一般 E. 较赞同 F. 赞同

G. 非常赞同

（3）我把今年要完成的目标细化到了每个月。（ ）

A. 非常不赞同 B. 不赞同 C. 较不赞同

D. 一般 E. 较赞同 F. 赞同

G. 非常赞同

（4）生活或学习上遇到挫折时，我会反思自己做这件事的初衷。（ ）

A. 非常不赞同 B. 不赞同 C. 较不赞同

D. 一般　E. 较赞同　F. 赞同
G. 非常赞同

(5) 如果有一个集体活动，我会积极竞选队长。 (　　)

A. 非常不赞同　B. 不赞同　C. 较不赞同
D. 一般　E. 较赞同　F. 赞同
G. 非常赞同

(三) 情景导入

播放电影《南极大冒险》片段。

(1) 看完这个电影，想到了什么？

(2) 它们是怎样生存下来的？

(3) 领头犬在此期间发挥了什么样的作用？

(4) 这群雪橇犬身上有什么震撼你、感动你的精神？

(四) 活动规则

1. 训练规则

(1) “开始”口令前，所有设备调至初始状态，道具放在准备区内，参训人员在准备区外等候。

(2) 绘制图形公布后，各队向助教报告预估完成时间，由助教公布预估的时间。

(3) “开始”口令后，队员进入训练区，开始调试设备，必须全员参与。

(4) “开始”口令后，只有队长能发言，其他队员保持安静。

(5) 将绳子的一端固定在笔杆上，学生用双手握住绳子的末端，绳子只能对折一次，不得缠绕。

(6) 绘制图形过程中不能用手触碰笔杆，不能以点触式绘图。

(7) 绘制图形完成后，用时最长的小组接受惩罚。

(8) 绘制图形完成后，将所有设备调至初始状态，道具放在准备区内。

2. 奖惩规则

(1) 课堂分享：学生踊跃发言，积极分享，加 5 分；发言内容切合主题，加6~10分。

（2）队长竞选：以小组为单位，1人参与竞选加5分，2人参与竞选加7分，3人以上参与竞选加10分。

（3）形象展示：以小组为单位，要求组织有序、着装整齐，声音洪亮、士气高涨，满足一项要求加1分。

（4）违规发言：以小组为单位，违规讲话一次，口头警告一次。违规讲话两次，扣5分。

（5）竞赛奖励：获胜小组加10分。

（6）惩罚措施：随机。

（五）活动道具

1. 使用前注意事项

（1）确保每台设备有充足电量（30%以上），保证比赛正常运行。

（2）XK175智能型笔随心转实训装置（简称“笔随心转装置”）是“以终为始”拓展实训课程的核心装置。

（3）该课程还需配套磁性感应笔1支、拴笔绳12条、挂线架1个、其他课程道具（计时器、笔、纸张、队服、助教服、垫子、毛巾，纸巾）等，笔随心转设备投入数量根据参加培训的人数确定，为提高效率可以动用两组以上的设备器材。

2. 活动步骤

（1）分组。学生按照男生一列、女生一列的顺序站队，按“1、2、3、4”顺序循环依次报数，所报数字相同的人为一组。

注意：根据总人数，按照每小组8—12人的标准，算出即将分多少组，分组数为X，即为报数的最大值，组数最好为偶数。

（2）队长竞选。每位竞选者有30秒的演讲时间，各组竞选者演讲结束后，由各组队员投票选出本组队长。你能为团队做什么，假如没选上队长怎么办，如果选上队长你将怎样做。

（3）宣誓。

1）助教宣誓。

我是×××，我承诺在本次训练中，遵循“严谨、包容、公正、以终为始”的原则，认真履行助教员职责，公正裁判，确保每一项成绩都真实可靠、准确无误。

2）集体宣誓。

我是×××，我承诺在本次训练中，严格遵守课程的各项安排，遵守训练规则，遵守课堂纪律，尊重教师，尊重同学，团结合作，公平竞争。

3）队长就职。

我是×××，我将会×××××××带领我的团队。

（4）团队风采。各组队长带领本队成员确定本队的队名，口号和团队展示动作，并进行团队风采展示。

（5）进行 PK。进行第一次 PK。

1）教师公布绘制的图形。

2）各组预估绘制时间，助教负责记录。

3）准备环节为 3 分钟，各组自由讨论训练要点、方法及分工。

4）教师喊开始，助教计时，各组正式开始绘制图形。

5）助教记录完成时间，教师公布成绩。

6）团队激励。

7）集体喊口号：“我是一个目标明确的人，我承诺事事有目标，目标有分解，行动有方法，事后有反思。”

第二次至第五次 PK 的步骤同第一次 PK。

（6）极限挑战。

1）教师公布挑战的图形。

2）各组公布挑战的时间。

3）各组挑战 3 次，取最优成绩为小组最终成绩。

4）冥想反思。

5）感悟分享。

3. 活动后调研

请仔细阅读以下问题，每个问题从“非常不赞同”到“非常赞同”有 7 种选择。请根据自己的真实想法进行选择。

(1) 为了锻炼身体，我会制订详细的计划。（　）

A. 非常不赞同　B. 不赞同　C. 较不赞同

D. 一般　E. 较赞同　F. 赞同

G. 非常赞同

(2) 我认为“学习成绩让老师和家长满意”是一个目标。（　）

A. 非常不赞同　B. 不赞同　C. 较不赞同

D. 一般　E. 较赞同　F. 赞同

G. 非常赞同

(3) 我认为每一周的计划需要进一步细化到每一天。（　）

A. 非常不赞同　B. 不赞同　C. 较不赞同

D. 一般　E. 较赞同　F. 赞同

G. 非常赞同

(4) 不管顺利与否，我始终知道自己为什么而努力。（　）

A. 非常不赞同　B. 不赞同　C. 较不赞同

D. 一般　E. 较赞同　F. 赞同

G. 非常赞同

(5) 团队活动时，我愿意在其中担当一个角色。（　）

A. 非常不赞同　B. 不赞同　C. 较不赞同

D. 一般　E. 较赞同　F. 赞同

G. 非常赞同

第四章　要事第一

要事第一，顾名思义，就是将重要的事情放在首位，优先去处理。要事是指对个体成长发展具有重要意义的事情。

一、要事第一的内容

（一）二八定律

二八定律又称 80/20 定律或帕累托法则，被广泛应用于社会学及企业管理学等领域。19 世纪末 20 世纪初意大利经济学家帕累托发现，生活中 80%的结果几乎源于 20%的活动。比如，在某个单位是那 20%的客户创造了 80%的利润，世界上 80%的财富是被 20%的人掌握着。因此，要把注意力放在 20%的关键事情上。

（二）四象限法则

美国著名管理学家史蒂芬·柯维认为，把要做的事情按照重要、不重要、紧急，不紧急的排列组合分成四个象限，这四个象限的划分有利于对时间进行深刻的认识及有效的管理。

1. 将事情划分在四象限

第一象限包含的是一些既重要又紧急的事情。这一类的事情具有影响的重要性和时间的紧迫性，无法回避也不能拖延，必须首先处理，优先解决。它表现为重大项目的谈判，有完成期限的工作等。

第二象限包含的事情是那些不重要但紧急的事情。这些事情并不重要但很紧急，因此这一象限的事件具有很大的欺骗性。很多人认识上有误区，认为紧急的事情都显得重要，实际上，像无谓的电话、附和别人期望的事等并不重要。这些不重要的事情往往因为它紧急，就会占据我们很多宝贵的时间。

第三象限包含的事情大多是些琐碎的杂事。这些事情既没有任何重要性，也没有时间的紧迫性。例如闲聊、游逛等。

第四象限不同于第一象限，这一象限对事情具有重要的影响，尽管它不具有时间上的紧迫性。它对于个人或者企业的存在和发展以及周围环境的建立维护，都具有重大的意义。

2. 管理每个象限的事情

（1）优先解决第一象限，要有准确的判断能力。首先确定是既重要又紧急的事情，然后优先处理。

（2）区分一二象限，第一象限和第二象限难以区分。第二象限对我们的欺骗性是最大的，它很紧急，所以造成了它很重要的假象，耗费了大量的时间。依据紧急与否是很难区分这两个象限的，要区分它们就必须借助另一标准，看这件事是否重要。也就是按照自己的人生目标和人生规划来衡量这件事的重要性，如果它重要，就属于第一象限的内容；如果它不重要，就属于第二象限的内容。

（3）投资第四象限，第一象限的事情既重要又紧急，由于时间原因人们往往不能做得很好。第四象限的事情很重要，而且会有充足的时间去准备，有充足的时间去做好。由此可见，投资第四象限的回报最大。

（4）放弃第三象限，第三象限都是些既不重要也不紧急的琐事，但它们往往使人难以脱身，所以人们经常会跌进第三象限而无法自拔。例如，在工作时间聊天、看没有意义的电视节目等休闲活动。刚开始可能会让人觉得有趣，但最后会带给人严重的空虚感。

二、时间管理

知识拓展

曾经有一个有趣的实验：一名教授拿了一个广口瓶，把拳头大小的石块，一块块放进玻璃瓶里，直到石块高出瓶口，再也放不下了，他问道："瓶子满了吗？"

所有学生应道："满了。"

他伸手从桌下拿出一桶砾石，倒了一些进去，并敲击玻璃瓶壁使砾石填满下面石块的间隙。"现在瓶子满了吗？"他第二次问道。

但这一次学生有些明白了，“可能还没有”。

他伸手从桌下拿出一桶沙子，开始慢慢倒进玻璃瓶。沙子填满了石块和砾石的所有间隙。他又一次问学生：“瓶子满了吗?”

“没满!”学生们大声说。

然后他拿过一壶水倒进玻璃瓶。抬头看学生，问道：“这个例子说明什么?”

一个心急的学生举手发言：“它告诉我们：无论你的时间表多么紧凑，如果你确实努力，你可以做更多的事。”

教授说，“那不是它真正的意思。这个例子告诉我们：如果你不事先放大石块，那你就再也不能把它放进瓶子里。那么，什么是你生命中的大石块呢?你的教育、梦想，或是和我一样，教育指导其他人?切切记得先去处理这些‘大石块’，否则一辈子你都不能做到。”

人生看似漫长，其实却像实验中用到的广口瓶一样，容积有限并且无法扩展。我们的一生会经历许许多多的事情，如果不能合理地安排先后顺序，那么我们的人生就会总被细小的“沙子”填充，从而没有多余的空间填充大块的“石块”了。因此，我们需要学会对面临的种种事情进行轻重缓急的判断，然后根据轻重缓急排列的次序来进行处理，这样我们的“广口瓶”才能放入尽可能多的东西。

（一）时间与时间管理

1. 时间的定义

时间是事件的过程长短和发生顺序的度量，是指从过去到未来，连续发生的各种各样的事件过程所形成的轨迹。时间具有四大特征，具体内容如下。

（1）无法开源。时间是唯一对每个人都公平的资源，无论贫富贵贱，每个人的一天都是 24 小时。时间的供给量是固定不变的，在任何情况下都不会增加也不会减少。

（2）无法储藏。孔子曰：“逝者如斯夫，不舍昼夜。”时间不像人力、物力、财力那样能够被积累、储藏。无论愿不愿意，我们都必须消费时间，所以我们无法储藏时间。

(3) 不可再生。时间不像金钱，花费了还能再赚回来，也不像其他物品，丢了还可以再买，时间一旦失去，就无法失而复得。

(4) 不可取代。任何一项活动都是时间的汇总，时间是任何活动所不可缺少的基本资源。时间这个资源，是其他任何资源都不能替代的。

2. 时间管理的定义

时间管理是指通过事先规划并运用一定的技巧、方法与工具，实现对时间的灵活及有效运用，从而实现个人或组织的既定目标。

时间管理不是创造出更多的时间，不是把24小时当成48小时来用，也不是在有限的时间里完成所有的事情，而是通过事先的规划，确定哪些事情要做，哪些事情不要做，哪些事情优先做，哪些事情延后做。

通过时间管理，我可以学会运用四象限法则根据轻重缓急来处理事情，以减少不必要的时间浪费，从而能更有效地利用时间，保持高效，达到工作、生活的协调发展与平衡。

(二) 时间管理的本质

1. 自我管理

严格来讲，时间是没办法管理的，所谓的时间管理其实是自我管理，包括制定目标、拟订计划合理分配时间、权衡事情的轻重缓急及自我约束。

2. 时间分配能力

同样的24小时，因为分配时间的方式不一样，结果也就不一样。如果绝大多数时间放在那些重要的事情上，所获得的回报肯定是将时间放在不重要的事情上获得的结果所不能比拟的。

(三) 时间管理的误区

1. 工作缺乏计划

计划是连接目标与行动的桥梁，通过拟订计划可以使目标更好地达成，同时也可以帮助人们寻找最佳的工作途径。大量时间的浪费都是因为工作缺乏计划，如果工作缺乏计划，会使一切行动杂乱无章。有的人从来不做或不重视做计划，导致工作目标不明确，明明可以同时完成的事情却被分割或是采取了低效的方法。

2. 组织不当，不会拒绝

许多人，尤其是中高层管理者，之所以会造成时间浪费，很多时候都是因为职责权限不清晰，导致工作内容重复。比如有的领导事必躬亲，凡事喜欢亲力亲为；有的员工与他人沟通不良；有的员工工作时常被打断，这都会导致工作效果大打折扣。

在工作中可能会面临各种各样的委托，有的是职责所在，有的不合情理，还有的是根本没有义务履行的。对于他人的委托，要理智地接受，如果因为接受他人的委托而影响自己的工作，这是非常不理智的做法。

接受委托要量力而行，不要对所有的委托都有求必应，一旦办不成委托的事情，不仅浪费了时间，还会影响人际关系。如果无法完成别人的委托，一定要果断拒绝，这是一种对人利己负责的表现。但是拒绝他人委托时应注意方式方法，不要造成不必要的误会与隔阂。

3. 缺乏责任感

有些人之所以能够任由自己浪费时间而毫无悔意，根本原因在于对工作和生活缺少责任感，做事拖拖拉拉，对所有事情都浑浑噩噩。如果总是放任自己这种事事敷衍的态度，那么将一事无成。

4. 时间控制不够

在时间控制上，时常陷入如下困扰：

（1）习惯了拖延时间，导致时间不够用；

（2）被不速之客拜访打扰，却不知如何处理；

（3）被响起的无端电话打扰，却不知如何处理；

（4）疲于应对一个又一个的会议，导致收效甚微。

5. 整理不足

常言道："杂乱的办公桌显示杂乱的心思。"杂乱的办公桌表明使用者也是一个没有条理的人。帕金森定律指出："工作将被扩展，以便填满可供完成工作的时间”，可以套用这个定律得出一个结论：文件的堆积将被扩展，以便填满可供堆积的空间。

三、时间观念

（一）时间观念的定义与来源

1. 时间观念的定义

时间观念是人们对时间的科学认识或哲学认识，是指人们对于时间的看法与态度。时间观念是非语言交流的影响要素之一，在人际交往中发挥着重要作用。

2. 时间观念的来源

时间观念来自人类观察感知到的自然时间或物理时间。人类的时间观念主要来源于观察到的自然运动（含天体运动）和人文运动（含历史进程）的有序性，来源于此等有序运动的节律性或律动性。

可观察感知的事象世界的有序性运动及其周而复始、循环渐进的节律或律动，是人类形成时间观念的真正源泉。

（二）中西方时间观念差异

1. 时间取向

时间取向分为过去时间取向，现在时间取向和未来时间取向，不同的国家对时间的取向是不一样的。

（1）过去时间取向。强调过去时间取向的典型国家有中国、韩国、日本等。强调过去时间取向的人群，注重历史传统，尊重过去，信奉“以史为鉴”，重视经验，尊重师长。他们追求生活和事物的稳定性，在处理事情时偏向于用过去的经验来指导现在和未来。强调过去时间取向的人群除了喜欢用过去的经验指导现在和未来以外，还特别喜欢回顾，重视过去的经历并把它们总结成经验。

（2）现在时间取向。强调现在时间取向的典型国家有墨西哥等。强调现在时间取向的人群，非常看重当下的所作所为、所思所想，强调当下是最重要的，秉承及时行乐的观念。在他们的观念里，过去的已经过去了未来遥不可及，只有现在才可以把握。

(3) 未来时间取向。强调未来时间取向的国家，最典型的是美国。这个特征在美国的影视作品中也可见一斑，美国人喜欢和擅长拍摄科幻题材的影视作品。原因在于美国是一个移民国家且成立的时间不长，各种民族文化碰撞融合，使得美国人思想自由开放。因此，强调未来时间取向的人群很少会墨守成规，他们认为过去的已经过去了，一味地回顾过去是无济于事的，只有规划好未来才是明智之举，因为未来拥有无限的可能性，他们完全可以依靠自己的努力去规划自己的未来。

2. 时制文化

人类学家爱德华·霍尔以日常生活中人类对于非正式时间使用的特点为依据，划分出了单时制和多时制。

单时制文化下的人认为，时间是呈线性组合的，具有无限的延伸性。他们做事情之前喜欢拟订严密的计划，并按照计划一件事一件事地去完成，只有将手头上的这件事完成才会去做下一件事，比较讲究效率，不喜欢拖延。欧洲，北美洲多数国家都具有单时制文化特征。

多时制文化与单时制文化不同，多时制文化下的人群生活节奏比较缓慢，喜欢且擅长在同一个时间段内完成好几件事，做事情灵活性比较高。具有多时制文化特征的国家以亚洲、非洲和拉丁美洲的国家为主。

随着全球一体化的推进，各国之间的交流空前频繁，各国都在倡导相互学习，促进自身的完善和发展。如今，越来越多的中国人开始强调时间管理，提高办事效率，也出现了单时制文化特征。

(三) 常见的时间观念

针对过去时间取向、现在时间取向和未来时间取向，可以将人们的时间观念分为积极的过去时间观、消极的过去时间观、享乐主义的现在时间观、宿命主义的现在时间观、未来时间观和超未来时间观六种常见的时间观念。

1. 积极的过去时间观

在积极的过去时间观念下，人们对过去的态度和看法，并不是基于客观事实而形成的。对于过去的积极态度，可能是人们真的经历过令自己感到积极向上的事情，也可能只是在磨难中激发的积极心态。

个体在心理上认为过去发生过怎样的事情，比确实发生过这样的事情更容易影响他现在的感觉、想法和行为。经历过痛苦却还能以一种积极向上的态度去回忆这段经历的人，一般都富有活力并且乐观向上。

2. 消极的过去时间观

消极的过去时间观与积极的过去时间观相反，它在评估过去发生的事情时采取的是消极的态度。这种消极态度的产生，可能是由于真的经历过某些负面事情，也可能是由于对过去发生的事情的心理负面评价。

其实过去发生的事情是客观存在的，之所以会产生不同的时间观，根本在于人们对待事情的态度不同。没有人能够改变过去发生的事情，但是每个人都可以改变对过去发生的事情的态度。

3. 享乐主义的现在时间观

持有享乐主义的现在时间观的人喜欢怎么舒服怎么来。他们享受当下，交友广泛，精力充沛且富有创造力，容易受周围环境的影响，或是受弗洛伊德"快乐原则"的支配。

4. 宿命主义的现在时间观

持有宿命主义的现在时间观的人习惯将一切交给命运去决定，不认可人的主观能动性及其重要性，认为人们是否从事某件事情不会对未来的结果造成任何实质性的区别，该发生的事情早晚会发生，不会因为做了什么或不做什么而改变。因此，持有这种时间观的人认为万事自有定数，一切都是命中注定，对待人生的态度比较消极。

5. 未来时间观

持有未来时间观的人受"现实原则"支配，会为了达成梦想而设立目标，并会拟订完成目标的计划。当现实和目标出现冲突时，他们会权衡即刻满足的收益与未来需要付出的代价，为了实现目标会经常放弃即刻的满足，因为他们相信未来会收获更大的回报。因此，持有这种时间观的人不喜欢新鲜和刺激，注重身体健康。

6. 超未来时间观

持有超未来时间观的人具有良好的自我约束力，思想比较成熟深刻，为人处世没有侵略性，比起过去和现在，他们更加关心未来的结果。

（四）树立科学的时间观念

有的人把时间当信仰，严格遵守固定的时间办事而不愿意变通，只会注重形式而非本质；有的人把时间当敌人，所有行动的准则是战胜时间，总是以最快的速度完成事情，却忽略了质量；有的人把时间当奴隶，不仅没有提高工作效率，反而形成拖延习惯。

其实，时间是客观存在的，不会以人的意志而转移。过去犹如一面镜子，它足以让人认清自己以免重蹈覆辙，未来是现在努力程度的结果，只有现在才是可以采取行动的唯一时间。因此，应该反思过去，把握现在，放眼未来，科学合理地去利用时间。

科学的时间观念可以使人们重视时间资源，提高效率，提升生活品质，保持身心健康。科学的时间观念不仅是一种个人素质和能力的体现，更是一种民族精神的体现。

1. 珍惜时间

人的生命是以时间为单位进行计量的，任何对时间的浪费都是对生命的不负责任。浪费自己的时间是自我伤害，浪费别人的时间就是谋财害命。

知识拓展

比利时一家杂志曾对全国60岁以上的老人做了一项“你最后悔的是什么”的调查。结果发现，75%的人后悔年轻时不够努力，以致事业无成。

的确如此，如果别人工作你也工作，别人休息你也休息，别人娱乐你也娱乐，那么别人得到什么，你也只能得到什么。想得到别人得不到的，就得付出别人不愿付出的东西，尤其是在你还年轻还有机会竞争的时候。

所以，想让自己的生命更有价值，就要珍惜并合理利用每分每秒，不要将时间浪费在各种无用的事情和活动上。

2. 提高效能

有很多人工作一天周旋于各种事情中，有的是职责以内，有的是顺手帮忙；有的是必须要做，有的是可做可不做。相比其他人，看似工作效率很高，其实工作效能（即工作产生的价值）却不一定比别人高。究其原因，不外乎做事情没有重点和条理，“西瓜芝麻都想要，最终西瓜丢了，芝麻也没捡到多少”。

根据二八定律知道，有时候即使只完成了20%的事情，却能创造出80%的收益。因此，办事时要对所有待处理的事情进行轻重缓急的判断，然后排出处理次序，最重要的事情排在处理清单的最前边，次重要的事情往后排，不重要的事情能放弃的就放弃，不能放弃的看看能否授权给别人去做。总之，要利用有限的时间完成最重要的事，创造最大的效益。

3. 提高效率

根据调查显示，一个效率低的人与一个高效的人工作效率相差可达10倍。这里谈到的效率不仅是速度快，还要求质量高，是指在一定时间内尽可能高质量地做更多的事。如果一味贪图速度而忽略了质量，反而会花更多的时间去返工重做。因此，提高效率的关键在于保障质量。

效率和效能二者并不冲突。高效能反映所做之事的重要性和高收益性；高效率反映做事速度和质量。二者相辅相成，只有做的事情是最重要的才会体现最大的价值，只有做事高效才能利用有限的时间完成更多重要的事情，才不至于让第一象限“拥堵”，整天忙于“救火”。

四、高效时间管理能力

高效时间管理能力是指运用一定的技巧、方法与工具实现对时间的灵活有效运用，从而实现个人或组织的既定目标的能力。

培养高效时间管理能力非常重要，想成为一个合格的职业人，需要具备三大能力：一是关于个人管理方向的能力；二是对“事”的管理，也称为工作管理能力；三是对“人”的管理，也称为团队管理能力。而在个人管理这个方向上最重要的就是高效时间管理能力的培养，它的重要性体现在以下四个方面：

（1）高效时间管理是成为一名合格职业人最重要的要求，是走向职业成功的重要源泉；

（2）高效时间管理可以提高效率，更好地适应当今社会高速发展的需要；

（3）高效时间管理可以使工作变得游刃有余，减轻压力，更出色地完成工作；

（4）高效时间管理还可以加强个人的自律能力，在健康、家庭和工作之间保持平衡。

（一）时间管理的重要原则

1. 注重合理规划安排时间

一天中有 24 小时，除去睡觉休息的时间，如何将时间发挥最大的作用，合理规划才是每个人必须要遵循的原则。

2. 整理重要事务清单

对于一些工作中或者生活中重要的事情，一定要提前做好规划和清单整理，这样才能够不用思考按部就班地执行。

3. 坚持先难后易的原则

在工作任务不紧急的情况下，一定要先遵循先难后易的原则，这样就可以节省更多的时间浪费，也可以让时间充分发挥高效的作用。

（二）提高高效时间管理能力

1. 管理现有时间领域

➢ **制定明确的目标**

目标能使人看清使命，为人的行为指引明确的方向，使人充分了解自己每一个行为的目的，使人能清晰地评估每个行为的进展，正面检讨每一个行为的效率。

目标是努力的依据，使人在没有得到结果之前，就能“看”到结果，从而产生持续的信心、热情与动力；目标同时提供了一种自我评估的标准，可以根据自己距离目标有多远来衡量取得的进步。

目标使人能够分清事情的轻重缓急，把握重点，使人最大限度地集中精力在自己的优势以及会有高回报的事情上，同时把重点从过程转到结果。成功的标准不是做了多少工作，而是获得多少成果。没有目标，我们很容易陷入与理想无关的现实事务中。

目标的制定可以遵循 SMART 原则。

（1）S（Specific）代表明确性，有明确的目标才能知道每一步该怎么走。当一个人没有明确的目标时，就像在黑暗中前行，不知道该往哪个方向走。

（2）M（Measurable）代表可衡量性，目标要看得见够得着，要能够去衡量评判，如果制定的目标没法衡量，那样就无法判断目标是否达成。

（3）A（Attainable）代表可实现性，在制定目标时，必须清楚目标必须具备一定的难度且有达成的可能性。目标过低使人没有成就感，缺乏动力；目标过高使人感觉无法达到的时候，便不再有努力的想法。

（4）R（Relevant）代表现实的，目标的制定要综合考虑自身能力与客观事实，从实际出发，不可盲目，不可草率。不切实际的目标会让人感觉到目标更加遥不可及。

（5）T（Time-bound）代表时限性，目标的实现必须要有严格的时间节点，不然就会一拖再拖，拖到最后还是没有实现。

➢ **拟订科学可行的计划**

目标制定完成的下一步是需要将目标正确地分解成计划，通过采取适当的方法，最终达成有效的结果。计划的拟订是基于正确清晰的目标，根据目标的性质和特点等探索完成目标的各种途径，选出其中的最佳途径，然后将最佳途径细化分解成月、周、日的工作事项并加以执行。计划执行的过程中，需要定期检查完成进度和最佳途径的有效性。

2. 常见的高效时间管理方法

根据二八定律了解到，生活中 80%的结果几乎源于 20%的活动，因此要把注意力放在 20%的关键事情上。同理，在四个象限内，只有第一象限和第四象限的事情才是需要集中更多的时间和精力去处理和筹划的。

➢ **6 点优先工作制**

6 点优先工作制要求把每天所要做的事情按重要性排序，分别从 1 到 6 标出 6 件认为最重要的事情。每天一开始，先全力以赴做好标号为“1”的事情，直到它被完成或被完全准备好，然后再全力以赴地做标号为“2”的事，依此类推。

每天要处理要完成的事情非常多，不可能面面俱到把每件事情都做得非常好。一般情况下，如果一个人每天都能全力以赴地完成6件最重要的大事，那么就能称得上是一位高效率人士了。这个方法要求能够对事情的轻重缓急程度做好判断，根据事情的重要性决定做事的顺序，能提高效率。

知识拓展

麦肯锡咨询公司于1926年在美国创建，它的创建开创了现代管理咨询的新纪元。现在麦肯锡咨询公司已经成为全球著名的管理咨询公司。30秒电梯理论的产生源于它曾经遭遇的一次沉痛教训。

麦肯锡咨询公司曾经为一家重要的大客户做咨询。咨询结束的时候，麦肯锡咨询公司的项目负责人在电梯间里遇见了对方公司的董事长，董事长问麦肯锡咨询公司的项目负责人："能不能说一下现在的结果呢?"由于该项目负责人没有准备，而且就算有准备，也来不及在电梯从30层到1层的30秒内把结果说清楚。最终，麦肯锡咨询公司失去了这一重要客户。从此，麦肯锡咨询公司要求公司员工凡事要在最短的时间内把结果表达清楚，凡事要直奔主题，直奔结果。

人的记忆容量是有限的，所以在汇报工作或总结问题时要简洁，选择最重要的或对事情完成具有关键性影响的信息汇报，尽量把事情归纳在三条以内，不要眉毛胡子一把抓，没有侧重点。

➢ **GTD法**

GTD是Getting Things Done的缩写，意思就是把事情做完。这个方法简单来说，就是一个人需要通过记录的方式把头脑中的各种任务移出来并且安排好下一步的计划。通过这样的方式，才能够心无旁骛、全力以赴地投入眼前的工作中，这是一种消灭压力的高效工作方法。

GTD法要注意以下两点。

(1) 清空大脑。一般来讲，一件事被记住的程度和现实中已经完成的多少成反比。大脑是用来思考的，不是用来记事的，但是实际上，大脑每天耗费了太多的时间提醒人们应该做什么却没做，所以应该将大脑从这种思维中解放出来。把大脑中所有要做的事情进行整理归类，用另一种工具来储存。

(2) 把任务细化为行动。不管是什么任务，最终都要落实到行动上，只有这样才能保证任务的顺利完成。因此，要将任务细化成行动方案，只有设置好限定时间和具体行动方案的时候，才能真正去执行。

GTD 法的具体做法可以分为收集、整理、组织、回顾、执行五个步骤。

（1）收集。收集阶段的主要任务是填充工作篮，工作篮是收集、记录、储存工作的载体，常用的工作篮有实实在在的记事本、电子备忘录、录音设备及电子邮件等。

（2）整理。整理阶段的主要任务是清空工作篮，即把所有收集出来的东西进行处理。按照这些工作是否可以付诸行动进行区分整理，哪些事情是不需要行动的，就可以进一步划分为是可以归类到参考资料，是需要日后处理，还是可以直接把它们划掉。

（3）组织。组织阶段的主要任务是建立好任务清单，组织阶段要对处理的结果进行细化，这是 GTD 法中最核心的步骤。组织主要包含对参考资料的组织和对下一步行动的组织。对参考资料的组织主要是建立文档管理系统，而对下一步行动的组织一般可分为建立下一步行动清单、等待清单和未来清单。下一步行动清单是具体的下一步工作；等待清单主要是记录那些委派他人去做的工作；未来清单则是记录延迟处理且没有具体完成日期的工作。

（4）回顾。回顾也是 GTD 法中的一个重要步骤，一般需要每周进行回顾与检查。回顾是经常被忽略但异常重要的环节，通过回顾及检查的所有清单并进行更新，可以确保后续工作的运作，而且在回顾的同时可能还需要进行未来一周的工作计划。

（5）执行。所有的规划都是为了行动，当一切都规划完成，就需要根据前几步做出的判断，选择最佳的行动方案，并按照计划严格执行。

五、项目实践——挑战不可能

（一）训练目标

（1）了解时间管理的相关概述，树立科学的时间观念。

（2）通过项目训练感受分秒之差带来的不同结果，意识到时间的重要性。

（3）养成要事第一的习惯，培养并提升时间管理能力。

（4）在活动中培养积极主动的习惯，提高团队协作能力、沟通能力和组织执行力。

（二）体验过程

1. 团队建设

（1）分队。学生按照男生一列、女生一列的顺序站队，按顺序循环报数，所报数字相同的人为一队。

注意：先根据总人数，按照每小队 8—12 人的标准，算出分多少队，分队数为 X，即为报数的最大值。队数最好为偶数。

（2）队长竞选。每位竞选者都有 30 秒的演讲时间，各队竞选者演讲结束后，由各队队员投票选出本队队长。

（3）团队风采展示。各队队长带领本队成员确定本队的队名、口号和团队展示动作，并进行团队风采展示。

2. 活动规则

（1）本项目共包含 3 个子项目，分别为弹力接球、不倒森林和一圈到底。100 秒内完成所有子项目即为挑战成功。

（2）要求各队全员参加训练，队长可以根据各个子项目所需的人数进行人员分配与分工。

（3）活动共计 3 轮，每轮挑战完成后，需将所有道具恢复至初始状态，并放在准备区内。

（4）“开始”口令前，所有设备处于初始状态，并放在准备区内，所有队员在准备区外等候。“开始”口令后，队员才可以进入训练区，开始比赛。

（5）每轮挑战完成后，助教公布完成时间，未完成的小队，接受惩罚。若全部完成挑战，则用时最长的小队接受惩罚。

（6）奖惩规则。

1）课堂分享：学生踊跃发言，积极分享，加 5 分；发言内容切合主题，加 6~10 分。

2）形象展示：各小队组织有序，着装整齐、声音洪亮、士气高涨，满足一项加 1 分。

3）违规发言与恶意干扰：每违规讲话一次扣 3 分；恶意干扰活动一次扣 5 分，两次违规取消该轮成绩。

4）竞赛奖励：训练获胜小队，加 10 分。

5）惩罚措施：失败的小队，男队员（包括男队长）接受俯卧撑惩罚，女队员（包括女队长）接受深蹲惩罚。第一次失败，队长惩罚 10 个，依次翻倍，最高 160 个，队员惩罚数量减半，各小队惩罚数量单独累计，队长惩罚不可由其他人代替；每队拥有两次使用积分的机会，每 10 分可抵消一个俯卧撑或深蹲。

3. 道具使用方法

（1）弹力接球，人数：2 人。两人距离 3—4 米，一人扔弹力球，球只能击地一次且必须击地一次，另一人用一个直径 10 厘米的胶筒接球入内算成功。

要求：

1）双方不能越线；

2）接球的人站定后不可以移动，扔球的人可以移动；

3）不能借助其他外力，不能用手去接，只能用胶筒接。

（2）不倒森林，人数：6 人。每人拿一根长度一样的杆，约 1 米，大家围成一个圆圈，让杆直立后用右手掌心按住杆子的上面，保持杆子直立，听到口令后，后一人放掉自己的杆子，用右手去按住前一人的杆子，以此类推，完成规定连续的次数。

要求：整个游戏过程，左手始终自然下垂，而且，杆子不能倒地，倒地后需重新开始。

（3）一圈到底，人数：全部队员。一个小队手拉手围成一个圈，从第一个人开始每个人要在不松手的情况下完全通过圆圈。

要求：

1）不能用手扶圆圈，只能用身体传递；

2）不能松手，松手后必须重新开始。

4. 活动练习

（1）各队有 15 分钟的练习时间。

（2）练习时，可以请助教帮忙计时。

5. 活动过程

（1）每一轮开始前，各队预估完成时间。

(2) 每轮限时 100 秒，助教做好观察与活动过程跟踪，监督各队有无违规情况，并酌情加减分。

(3) 助教公布比赛用时和得分。

6. 活动总结

全体起立，队长在前，队员在后，集体朗读以下内容。

一分时间，一分成果；寸阴必珍，寸土必争！
从此刻开始，我要：
珍惜时间，合理规划；
要事第一，实现自我！

(三) 讨论与分享

请结合自身学习、生活及未来就业情况，思考以下问题。

(1) 训练的是什么？

(2) 学到了什么？

(3) 感悟到了什么？

第五章　双赢思维

双赢是指双方本着平等互利的精神，谈判取得令双方都有赢利的结果。双赢来自英文 win-wip 的中文翻译。双赢第一次出现在中国加入世界贸易组织的谈判上，双赢是在双方信任的基础上，为了共同的目标，维护相互的利益而建立起来的一种人际关系。

一、双赢思维过程与人际交往的模式

（一）双赢思维过程

双赢思维是过程，更是一种方法。双赢思维也常常用于结果的描述，但这更应该是一种思想，用双赢思维可以指导人们的生活和工作。

在合作的时候有很多付出是没有结果的，比如请客户吃饭，介绍产品，但最后不一定能合作。当用双赢思维去面对这个问题时会发现，可能获得了一个朋友，可能储存了一个关于自己良好口碑的信息在对方的脑海里。

很多人非常计较得失，这样的人阶段性的效率会很高。但人生是一个过程，目标是重点，过程也很重要。在这个过程当中双赢思维是一个非常重要的思想，用双赢思维来指导生活和工作，这样境界会更开阔。

不过需要强调的是，双赢是在双方自愿的基础上进行的，如果在与人接触交往的时候，对方抱着非双赢的态度，那不必强人所难。任何的方法都是为人所用的，我们用它是为了达成某种目的，而不是成为一种新的束缚。

（二）人际交往的模式

在日常的人际交往中，无论以什么样的模式开始，从结果来看，人际交往最终呈现出以下六种模式。

（1）利人利己（双赢）。利人利己，即双赢思维，是基于互敬、寻求互惠的思考框架与心意，目的是分享更多的机会、财富及资源，而非敌对竞争。双赢思维是一种基于互敬、寻求互惠的质量管理理念。只有在双赢思维下，才能实现冲突各方的利益均衡，找到之间的利益支点。对于企业与顾客来说，应是顾客先赢企业后赢；对于员工与企业来说，应是员工先赢企业后赢。若非双赢即为低效。

双赢思维不是意味着要放弃自己的利益，而是在双方明知依靠各自的力量无法实现目标时采取合作，以获得比独自行动更大的利益。双赢思维更多时候是求同存异、互利共赢，于己于人都有好处。双赢思维最终的结果导向是正向的，具有更大势能和力量，某种程度上能更好地促进个人、企业及人类社会的发展，协助个人找到互惠的解决办法。

（2）两败俱伤（双输）。与双赢思维相对对应的是双输思维，具备这种思维的人有着高度依赖的心理模式，在他们的观念里，如果没有获利就是输，因此他们会拼尽全力想要赢。他们一旦意识到自己要输了，宁肯拼尽全力让对方失败，落得两败俱伤的结局，也不肯坦然面对自己的失败和别人的胜利。这种人大多比较顽固且以自我为中心，缺乏面对失败的勇气和对他人的体谅，他们嫉妒或批评别人，经常做些损人不利己的事。有的人为了报复，不惜牺牲自身的利益，却不问是否值得。

（3）损人利己（赢/输）。怀有这种思维模式的人只顾全自己的利益，看待一切事情都是两个极端，在他们的世界里只有赢和输，他们一心只想自己赢，让别人输。这种思维模式造成人与人之间恶性攀比和竞争，追求地位及权力欲主宰了他们的一切。但是，人生不可能时时处在这种剑拔弩张的竞争氛围下，试想，如果随时随地不忘和自己的父母、配偶、子女及身边其他人一决高下，那么这样的人生将多么可怕。因此，唯有互助合作才能增进幸福。

（4）损己利人（输/赢）。有的人没有什么追求，也没有原则，只是讨好别人希望能够赢得他人的好感，因此在意识到可能会与他人产生冲突时，为了不得罪人，会选择自己输来成全别人赢。这种人看似体谅他人，其实是屈服于强权，借别人的接纳来肯定自我。这种人为了奉承他人而压抑自己的真实感受，但是被压抑的情绪不会消失，若是一味地压抑，不能把情绪加以缓解，反而会在积累到一定程度的时候以更极端的方式爆发。

（5）独善其身（赢）。秉承单赢思维的人，他们以自我为中心，万事以“我”为先，他们不在乎别人赢还是输，只要能得到自己想要的就可以。虽然他们不一定要对方输，但他们却一心想要自己赢，不在乎别人结果如何。

(6) 好聚好散（无交易）。好聚好散一开始其实是奔着双赢去的，双方对合作内容进行商讨后找不到双方都可以接受的方案，他们就会接受分歧的存在，不交易。所谓“道不同，不相为谋”，既然观念分歧过大，与其到时候失望甚至发生冲突，不如一开始就认清事实。心中留有退路，顿觉轻松无比，更不必施加压力，迫使对方就范。坦诚相见，更有助于发现及解决问题。即使买卖不成，仁义仍在，或许日后还有合作的机会。

二、双赢的原则、本质与可能性

（一）双赢的原则

要想实现双赢，必须遵循两个基本原则，即平等互利和真诚守信。

1. 平等互利

平等互利原则是指交往或合作中的双方互相尊重、平等相待、享有同等待遇、承担相同义务，以取得对双方都有利的结果。要实现双赢，就一定要在保证自己利益的同时，保证对方的需求得到满足，遵循双方都同意的做法，获得令双方都满意的结果。如果不是本着平等互利的原则，就会出现利益的不均匀，也就称不上是双赢了。因此，在交往或合作中，必须要注意平等互利，否则合作将无法继续。

2. 真诚守信

真诚守信原则是指交往或合作中的双方要真诚相待，遵守信用。诚信是中华民族的传统美德，也是备受儒家推崇的基本道德规范。在现代社会中，诚信已经成为一个企业生存发展的根本。在双赢思维中，真诚是持久关系的首要条件，守信是真诚的外在表现。在双方的合作中，真诚守信能够让彼此更加信任，让合作顺利进行。因此，真诚守信是实现双赢必须遵守的原则，是达成双赢的前提。

（二）双赢的本质

双赢的本质是寻求双方共同的利益、鼓励双方在竞合的关系中，加强彼此之间的沟通，在赢时也确保对方赢，实现双方利益最大化。

双赢是相对的，不是绝对的。因为在分享的过程中存在一些不平等的情况，所以竞争会永远存在。只有竞争才能优胜劣汰，使资源得到最充分的使用，同时，合理的竞争能促进“双赢思维”的良性发展。

（三）双赢的可能性

1. 事物拥有多种可能

朱迪斯·贝克在她的著作《认知疗法：基础与应用》中总结出的12种常见的非理性思维，第一条就是“非此即彼”。非此即彼又称黑白分明，极端化或对立分割性思维，是指人们用简单的二分法看待事物，习惯于对事物得出一个确定的结论（是或非、对或错、好或坏），对事物采取要么全盘接受，要么全盘否定的思维方式。

当这一过程被习惯化以后，人们思考任何问题都会不由自主地想到“对不对”“好不好”等。很多人在与人交往或合作时会觉得要么赢、要么输，如果没有赢就是输了，为了让自己赢就想尽办法让别人输。长此以往，这样不仅会影响合作交往的人际关系，甚至会引起别人的反感。

实际上，很多事情不能单纯地用是非对错来判断，如果深入了解和挖掘，积极地探索新的观察视角，会发现是非对错只是事物的两个极端方面，在它们之间还有许多中间状态。与人合作交往即是如此，双方合作交往时并非只有赢或者输，还可以在双方平等互利的基础上探索双赢的可能性，实现各自利益最大化。

2. 双赢能够带来更大的效益

利益双方发生竞争是在所难免的。在当今社会，市场经济是广泛的交往经济，它离不开与各种类型的人合作，单纯依靠个人力量已经难成气候。只有学会在竞争中求双赢，在竞争中共同发展，共同进步，才能成为最具竞争力的一员，才能适应时代和社会的发展。

第六章　知彼解己

在建立了双赢思维的理念后，人与人之间的合作离不开交流沟通，沟通是一个聆听别人、解读周围和表达自己的过程，倾听是一个知彼的过程，解读表达则是一个解己的过程。

知彼解己，意思是说要别人理解自己之前首先要理解对方。这是一种双向的主动性沟通方式，自己把心放到对方身上，先感受到他的快乐、愤怒、痛苦，再去聆听他的想法，将会更好地理解他，也能更好地寻求对方的理解。知彼解己是进行有效沟通的重要原则。

一、沟通

（一）沟通产生问题的主要因素

沟通是一个双向互动的过程，无论是信息发出者和接收者的主观原因，或是外在的客观原因，都会导致沟通的失败，双方无法就某一信息共享或达成一致的认识。

沟通过程中涉及沟通者（信息发出者和接收者）信息、传递渠道/途径、环境等要素。这些要素出现问题，则会直接影响沟通效果。

（1）信息发出者传递信息不完整。信息发出者的情绪、个人感受、表达能力、判断力等都会影响信息传递的完整性。

（2）信息接收者信息接收不全。从信息接收者的角度看，知识经验的局限，精力不集中、信息接收不全，对信息的过滤等都会影响信息的完美接收。

（3）传递渠道有问题。比如：沟通渠道选择不当；沟通渠道过长；组织机构庞大，信息传递环节多，从最高层传递信息到最低层，从低层汇总情况到最高层，中间环节太多，容易使信息损失。

（4）环境外部干扰影响沟通效果。信息沟通过程中经常会受到外界各种噪声影响或被其他事物干扰所打扰，影响沟通效果。

（二）情绪和性格对沟通的影响

人与人之间发生争执、争吵或冲突，一方面是因为双方的观念不同，另一方面则是受当时情绪和性格的影响，阻碍了沟通，从而影响了沟通效果。

1. 情绪影响沟通

人总是带着某种情感状态参加沟通活动的。在谈话中，如双方观点出现分歧，彼此不接受对方的意见，这时人们的生理会随之发生一系列的变化，如心跳加快、血压升高等。这些反应可能是无意识的，而此时这些情绪反应有时会扭曲甚至阻挠信息的传递，直至阻碍沟通。

2. 性格影响沟通

沟通双方在性格上经常会存在差异，这些差异往往会对他们的沟通效果造成相当大的影响。根据调查发现，大多数性格柔弱、悲观、内向的人，其沟通的效果较差，而性格乐观、外向、独立的人，往往沟通效果较好。

3. 其他原因

（1）沟通的动机不同。根据心理学原理，产生行为的直接原因是动机（出发点）。沟通的动机是基于人的内在需求，任何行为都是由动机引起的，都是为了达到一定的目标。当目标达成以后，又会出现新的需求、动机、行为、目标，不断地周而复始，沟通也是如此。

当两人沟通前的动机不同，接下来考虑的思维方式，表现的情绪及最后的行动都会不同，就会影响最终的沟通结果。

（2）将评论当作事实。沟通过程中，很多人往往会把对别人的一种推测当成事实，从而进行评论或直接下结论；没有基于事实的沟通容易造成沟通双方的意见不统一，影响沟通效果。

（3）沟通目标不明确。在沟通时，双方的沟通目标不明确或目标出现偏差，那么此次沟通是无效的。很多人往往在沟通时是以问题为导向，将关注点放在问题本身，注重寻找解决问题的方法，而忽视了本次沟通的目标是双方达成共识，从而出现意见不统一或冲突的情况。因此，只有沟通目标一致的沟通才是有效的沟通。

二、自我认知

（一）认识自我的意义

知彼是人际交往模式的大转变，因为通常把让别人理解自己放在首位。解己是表达自己并非自吹自擂，而是根据对他人的了解来诉说自己的意见，有时候会在了解别人的过程中产生新的解己而改变初衷。解己并不是简单的表达，让别人了解自己，首先需要先知己才能解己。人往往是了解别人容易，了解自己难，“不识庐山真面目，只缘身在此山中”。

自我认知是一种重要的心理过程，它涉及人们对自己的认知，包括自我意识、自我概念、自我评价和自我控制等。自我认知的重要意义在于，它可以帮助人们更好地了解自己，从而更好地掌握自己的行为和情绪，从而更好地适应社会环境。

自我认知可以帮助人们更好地了解自己，从而更好地掌握自己的行为和情绪。通过自我认知，人们可以更清楚地了解自己的优势和劣势，从而更好地控制自己的行为和情绪，更好地适应社会环境。此外，自我认知还可以帮助人们更好地认识自己的价值观，从而更好地把握自己的人生方向，更好地实现自己的人生目标。

自我认知具有重要的意义，它可以帮助人们更好地了解自己，更好地控制自己的行为和情绪，更好地认识自己的价值观，从而更好地适应社会环境，实现自己的人生目标。因此，自我认知对于人们的成长和发展具有重要的意义，值得人们去重视和加强。

（二）认识自我的方法

1955 年，美国心理学家约瑟夫 · 卢夫特和哈里 · 英汉姆提出了分析人际关系和传播的“约哈里之窗”理论，他们用四个方格，说明人际传播中信息流动的地带和状况。“约哈里之窗”是用来解释自我和公众沟通关系的动态变化，是一个介绍自我和相互了解的模型。此理论已被引入人际交往心理学、管理学等领域。

“约哈里之窗”实际上包含的交流信息有情感、经验、观点、态度、技能、目的、动机等。根据这个理论，人的内心世界被分为开放区、盲目区、隐秘区、未知区四个区域。

开放区（公开）代表所有自己知道，他人也知道的信息。在这里“我”认为可以公开的信息都集中在这个方格内。

盲目区（盲点）代表关于自我的他人知道而自己不知道的信息。在这里“我”认为是不知道的他人评价的信息置于这个方格内。

隐秘区（隐私）代表自己知道而他人不知道的信息，这些信息有的是知识性的，有的是经验性的，甚至是创造性思维的结果。在这里“我”均认为不能公开的纯私人信息，除了隐私，还包括不愿意暴露的“我”的弱点。

未知区（潜能）这个区域指的是自己不知道，他人也不知道的信息，是潜意识和潜在需求。这是每个人身上尚未开发出来的信息或潜能，遇到新情况或新问题时，这类信息会生成和表现出来，不被传播各方的“我”和他人察觉。

开放区是理想情况，自己应更多地了解自己，同时将自己的绝大部分自我暴露在他人面前，这样可以形成更大的安全区域，即使有冲突也是极其轻微的。认识自己，了解自己，除了身高、体重、血压等可以用仪器简便而迅速地测出外，其他诸如对品质、能力、性格等的了解就不是那么简单了。虽然心理学家、社会学家设计了众多的测验和量表，但一般人还是不知从何着手进行测试，因此，人们认识自己、了解自己往往需要采取一些间接的方法。

1. 从别人对自己的态度来了解自己

正如社会心理学家库利所指出的，别人对自己的评价是自我评价的一面镜子。在与他人交往的过程中，借自己的外显行为将自己介绍给别人，反过来别人对自己的看法又影响着对自己的认识。因此，个体对自己的认识在很大程度上取决于周围的人对自己如何评价。倘若能注意倾听多数人的意见，善于从周围的人的一系列评价或反应中，概括出一些较稳定的评价作为自我评价基础，这将大大有助于自我了解。

2. 通过和别人比较认识自己

社会心理学家费斯廷格的社会比较理论认为，人有一种评估自己的内驱力，在缺乏客观的标准时，人们将通过与他人的比较来评估自己。社会实践证实了这两个观点。每当怀疑自己的能力，反向自己“我在某方面的能力到底如何”时，就会很自然地想到和别人进行比较，以判定自己在社会生活中的位置和形象。自己跑步的速度是通过与别人赛跑比较出来的；个子的高矮也是通过“比个儿”而确定的；个人认识评价自己的品质、能力等都是如此。人们总是通过和自己地位，条件相类似的人的对比，来评估自己以及自己和周围环境的关系。

3. 利用回馈客观认识自己

运用“约哈里之窗”理论认识和评价自我。

第一步，请5—10位非常了解自己的朋友，要他们列出你的优点和缺点。可以先从好朋友做起，看他们到底如何评价你。如果想进一步客观地评价自己，再请那些你最不喜欢的人列出你的优缺点，也就是让别人成为你的镜子，利用别人给你的回馈，帮助你认识自己，评价自己。

第二步，你也拿出一张纸来，列出自己的优点和缺点，然后将自己列出的与别人列出的内容一一比较，便可能产生前文中列出的四种情况。由“约哈里之窗”理论你也许会发现自己有许多优点，从而可以进一步了解自己。

4. 通过和自己比较认识自己

与自己的比较包括两方面：一是将目前的“自我”与过去的或将来的“自我”作比较；二是将自己的期望与实际获得的成就相比较。这两方面都是客观、正确的自我认识不可缺少的。个体的自尊、自信、自大、自卑等主要取决于个体内在状态与自我期望等主观因素、往往是这些因素决定着个体对自己的感情，态度的判断和评估。人们往往依据自己在一定活动中的成败，对自己的学识、素养和才能做出判断。生活中常有这样的事情：有的同学期望获得第一名，而以屈居第二为奇耻大辱，而有的同学却为成绩及格而兴高采烈；有的年轻朋友因某种条件较差的工作而愁眉不展，自叹苦不堪言，而老工人在相同的条件下却以苦为乐，干劲十足。这都反映了人们的判断水平。每一位年轻朋友，都是将自己心目中形成的理想的“我”的形象与现在的“我”进行比较，这往往就是我们生活的动力。要追求寻找这个理想的“我”，就需要坚定，忍耐、专心致志和顽强地自我进攻，就得克服懒惰、懈怠、怯弱等弱点。

5. 通过内省来观察、认识自己

孔子曰：“吾日三省吾身”，这说明了内省的重要。人们不仅要依据他人的态度来观察自己、认识自己，更应该通过内省来认识自己。个体关于自己的情感和信念的信息，主要来源于知觉自己的内心状态，观察自己的外显行为，观察与这些行为相关的环境。要处理好这些信息，就需要内省。古今中外，许多名人都是非常善于内省和自我分析的。例如，达尔文在自我分析时曾说：“我既没有突出的理解力，也没有过人的机智。只是在觉察那些稍纵即逝的事物且对其进行精细观察的能力上，我可能是在众人之上。”只有分析自己，认识自我，才能实现自我。

三、日常表达与有效沟通原则

（一）日常表达原则

人与人之间交流，不在于说多少，只要说在点上即可：话不在多，有重点就行。

人们在接收信息块的时候，通常能够记住 5—9 条信息，如果沟通中的内容超过这个数目，人们往往就记不住了。从这个角度来看，沟通中的语言表达要清晰，最关键的是要说出重点内容。例如。一提到对北京的印象，人们往往会用“文化古都”“文明之城”等进行描述，或者提到北京的交通、北京的大学等。如果给出的信息很多就会让听者思维混乱，无法做出分析，从而失去聆听的兴趣。

沟通时应考虑对方的接收能力，需要阐述几个信息块，抓住重点。例如，可以从北京的交通入手，并与自己的家乡作比较，然后再谈到北京的园林或者饮食，不需长篇大论，让听者感觉言中有物、言中有理、言中有序和言中有彩，感觉思路清晰，重点突出即可。

（1）言中有物：表达出来的信息，目标明确，思路清晰。

（2）言中有理：描述的信息有数据作为依据。

（3）言中有序：有先后顺序，有整体与局部，有重要与次要，描述内容有逻辑。

（4）言中有彩：叙述的信息有重点，同时不脱离表达的主题。

（二）有效沟通原则

美国著名的公共关系专家格伦·布鲁姆和艾伦·森特在他们合著的被誉为“公关圣经”的著作《有效的公共关系》中提出了有效沟通的“7C 原则”。

（1）Credibility：可信赖性，即建立对传播者的信赖。

（2）Context：一致性（又译为情境架构），是指传播须与环境（物质的、社会的、心理的、时间的环境等）相协调。

（3）Content：内容的可接受性，是指传播内容须与受众有关，必须能引起他们的兴趣，满足他们的需要。

（4）Clarity：表达的明确性，是指信息的组织形式应该简洁明了，易于公众接受。

（5）Channels：渠道的多样性，是指应该有针对性地运用传播媒介以达到向目标公众传播信息的作用。

（6）Continuity and consistency：持续性与连续性。就是说，沟通是一个没有终点的过程，要达到渗透的目的，必须对信息进行重复，但又须在重复中不断补充新的内容，这一过程应该持续地坚持下去。

（7）Capability of audiencer：受众能力的差异性。就是说，沟通必须考虑沟通对象能力的差异（包括注意能力、理解能力、接受能力和行为能力），采取不同方法实施传播才能使传播易为受众理解和接受。

四、项目实践——我说你画

（一）活动规则 1

（1）请一名学生自愿上台担任“传达者”，其余人员都作为“倾听者”“传达者”，看样图 1 分钟，背对全体“倾听者”，不用任何手势和辅助工具，将图形表述出来。

（2）“倾听者”们根据“传达者”的表述画出样图上的图形。

（3）“传达者”只表述一次“倾听者”不许提问。

（4）各位“倾听者”不能与其他人交流或讨论。

讨论分享

（1）为什么大家画得不一样？

（2）怎样才能保证信息传递的准确性？

（二）活动规则 2

（1）请一名学生自愿上台担任“传达者”，其余人员都作为“倾听者”“传达者”，看样图 1 分钟，面对全体“倾听者”将图形表述出来。

（2）“倾听者”们根据“传达者”的表述画出样图上的图形。

（3）允许“倾听者”不断向“传达者”提问。

讨论分享

（1）为什么这次画得要比上次好？

（2）你认为保证信息传递准确的重要原则是什么？

第七章 统合综效

统合综效是职业生涯发展的七个良好习惯之一，它是对所有其他习惯的真实考验和集中体现。统合综效不但可以创造奇迹，还能激发人类最大潜能，让人即使面对人生再大的挑战都不足惧。

自然界到处可见统合综效的影子。例如，两块砖合在一起所能承受的力量大于两个单块砖所能承受力量的总和。

当两个人团结合作或当发挥集体的力量时，产生的结果大于个体产生结果的总和，即为统合综效。

唯有持有双赢的动机及移情沟通，才能达到统合综效的最高境界。

一、团队精神

团队理论起源于西方企业界的管理实践。所谓团队，是指一些才能互补、团结和谐并为负有共同责任的统一目标和标准而奉献的一群人。团队的形成是传统文化与现代管理思想相互融合的结果，团队不仅强调个人的工作成果，而且强调团队的整体业绩。

所谓团队精神，是指团队成员为了团队的利益与目标而相互协作，尽心尽力的意愿与作风。团队精神是团队的灵魂。

作为一种精神文化的形态，团队精神是社会精神文明的一个分支和重要内容，团队精神不断丰富、充实着社会精神文明，同时又体现着社会精神文明，是社会精神文明的载体。

（一）团队精神的内涵

团队精神主要包括以下三个方面。

（1）在团队与团队成员之间的关系上，团队精神表现为团队成员对团队的强烈归属感与一体感，每个团队成员都强烈地感受到自己是团队的一员，并且由衷地把自己的前途、命运与团队联系在一起。

(2) 在团队成员之间的关系上，团队精神表现为团队成员之间协同合作，融为一体。

(3) 在团队成员对团队任务的态度上，团队精神表现为团队成员对团队任务的尽心尽力以及全方位的投入。

团队精神的基础是张扬个性，团队精神是以人的充分解放和全面发展为基础的。树立个性意识，鼓励个性发展是形成团队理念、塑造团队精神的前提和基础。团队精神通过个性表现融汇于统一的思想和目标中。

(二) 团队精神的动力与核心

团队精神的动力是共同目标。团队有目标，大家才会一起投入，为共同目标的实现而奉献自己的才华，每个成员也都能感受到共同目标实现后个人对团队的贡献。

团队精神的核心是协同协作、优势互补。团队精神强调的不仅仅是一般意义上的合作与齐心协力带来的“1+1=2”的效果，要发挥团队的优势，其核心在于大家加强沟通，发挥个性优势，在团结协作中实现优势互补，产生积极协同效应，带来“1 +1 >2”的绩效。

二、团队合作

(一) 团队合作的意识培养

团队精神是现代组织的生命力之源，这个时代不仅需要特立独行的英雄，更需要富有团队合作精神的集体。

没有团队精神的企业，一切美好的想法和愿望都将成为零；没有团队意识的员工，无论学识有多好，技术有多精、学历有多高，都将不会朝着对组织有利的方向发展，一切才华、学识对于这个企业来讲或许都是零。人们强调“团队精神”的重要性，并非否定先进的企业理念、雄厚的资金基础、高科技和知识的重要性。但是必须要清楚地认识到，先进的理念固然重要，如果贯彻不下去，没有员工接受，先进的理念就等于零。科技含量再高、知识分子再多，如果十个人十条心，你做你的，我想我的，高科技和知识也等于零。因此，只有具备团队精神的企业，才会形成一种无形的向心力、凝聚力和创造力。

团队精神说到底，是体现在人的身上。提倡团队精神，就需要具有团队意识的人才。

团队精神是中华民族传统文化的体现，是知识经济时代的内在要求，也是当今社会对人才的必然要求。学生团队精神如何不仅直接关系到个人成长，而且对民族的未来产生深远的影响。

（二）团队合作成功的核心要素

1. 团队有清晰的共同目标

任何一个高效的团队，都应当有一个清晰的共同目标，清晰的共同目标能够成为团队导航，知道要向何处去。团队没有目标，将会变成无头苍蝇。

高效的团队对于要达到的目标有清晰的认识和了解，并坚信这一目标具有重大的意义和价值，而且这种目标的重要性还激励着团队成员把个人目标升华到团队目标当中去。在高效的团队中，团队成员愿意为团队目标做出承诺，清楚地知道自己应该做什么工作，以及怎样共同完成工作。

团队的目标必须跟组织的目标一致，此外还可以把大目标分成小目标后具体分到各个团队成员身上，大家合力实现这个共同的目标。同时，目标还应该有效地向大众传播，让团队内的成员都知道这个目标，有时甚至可以把目标贴在会议室里、团队成员的办公桌上，以此激励所有的团队成员为实现这个目标努力工作。

2. 团队有必备的双赢思维

双赢思维是一种基于互敬、寻求互惠的质量管理理念。只有在双赢思维下，才能实现冲突各方的利益均衡，找到双方之间的利益支点。

想要树立双赢思维需要进行艰难的思维转换，因为它可以彻底提升人们的格局。修炼双赢思维要经历三个境界。

第一个境界是：我要赢，更重要的是你必须输。有的人赢了，已经无法获得满足感，他只有让对方输了，才有满足感，希望对方失败的渴望，已经超过了希望自己成功的渴望。这样的境界，是建立在“稀缺心态”上的，相信他多吃了一口，别人就会少吃一口。他吃饱了，别人就会饿死，从而让别人来控制自己的情绪。这个境界不可取。

第二个境界是：我要赢，如果因此你输了，别怪我。这是最常见的心态。

我只想自己赢，才不关心你是赢是输。你赢了，挺好。你输了？对不起，是你倒霉。这个境界也不可取。

第三个境界是：我要赢，你也要赢，否则就别干。这个境界是双赢思维的境界，正是团队所需要的。

3. 团队有关键的沟通能力

沟通是实现统合综效的重要途径和手段，人们通过沟通来了解团队中的成员，赞美、欣赏他人、接纳他人的想法，同时能贡献自己的见解，综合各方的智慧，才能集资源，实现团队力量最大化。

当团队成员发生冲突或矛盾时，采取沟通的方式解决，并不是一方必定要妥协于另一方，而是暂且抛开敌对的态度，尝试寻求第三种合作方式。

第三种合作方式即“既非按照我，也非遵循你”的方式，而是在互相了解、互相沟通的基础上，各自为了更好地实现目标而创造出的一种新的可行之道。这种方式是令双方都满意的解决方案，而且比原来的方案和妥协的办法都好得多。

没有沟通就没有团队精神，在团队里，如果沟通渠道比较畅通、信息交流比较频繁，每一个团队成员都能与其他团队成员保持良好的沟通，那么在工作中团队成员之间的合作就不会存在无法克服的障碍。相反，缺乏良好沟通，团队成员之间就很容易产生难以调和的矛盾，而且一旦矛盾产生，如果团队成员之间仍然缺乏有效的沟通，这种矛盾就会越积越深，最终很可能会成为抑制团队成长的瓶颈。

建立良好的沟通渠道，切实有效地加强团队成员之间的沟通，是确保整个团队得以高效运行的重要一环。在实际工作中，每一个团队成员也切实需要与其他团队成员保持良好的沟通。沟通是团队生存的基本条件，没有沟通就没有团队精神。

三、分工与协作

（一）分工与协作的定义

分工是指劳动分工，即各种社会劳动力的划分与独立化，分别从事不同又互相联系的工作。

协作是指在目标实施过程中，部门与部门之间、个人与个人之间的协调与配合。协作应该是多方面的、广泛的，只要是一个部门或一个岗位实现承担的目标必须得到的外界支援和配合，都应该成为协作的内容，其一般包括资源、技术、配合、信息方面的协作。不论是否存在社会分工，劳动者都必须通过协作把个人的力量联结成集体的力量，以实现生产活动的预期目的。劳动者彼此配合进行统一生产、作业、工程的协作，有简单协作和复杂协作两种基本方式。

分工与协作原则，是组织设计中遵循的传统原则之一，是指组织内部既要分工明确，又要互相沟通、协作，以达成共同的目标。

（二）分工与协作的关系

1. 分工是协作的前提，协作是更高级形式的分工

分工是团队里每个人所开展工作的职责与范围，这是一个组织或者团队运行的基本规则，它是基于团队目标或职能而进行的一种责任分解。而协作是基于一个共同的目标而进行的合作，它是基于一个共同的目标而进行的一种活动。

2. 分工是管理，协作是文化

分工是一种管理，因为分工的过程是资源合理配置和有效使用的过程。只有科学的分工，才能使企业最终摆脱对人才、技术、产品和企业家的依赖，达到无为而治的境界。但分工解决不了所有的问题，一个企业要形成强有力的凝聚力和战斗力，必须培养协作文化，形成协作的氛围。

3. 分工与协作要遵循规律

分工必须对所分配的资源进行一个科学的评价与定位，把握一个基本的规律。正所谓要把合适的人放在合适的岗位上，知人善用，才能有效地利用资源，也才能真正提高组织协作的效率。因此，分工应该是在大家胸怀一个目标——积极主动合作，充分发挥集体的作用，做好我们每个人、每个岗位的分工；而合作是每个人在各自的岗位上认真负责的基础上的积极、默契的合作。只有这样，这个团队才能攻无不克、战无不胜。

4. 科学分工有助于团结协作

管理的首要工作就是科学分工。只有每个员工都明确自己的岗位职责，才

不会产生相互推诿、争吵等不良现象。如果公司像一个庞大的机器，那么每个员工就是一个个零件，只有他们爱岗敬业，公司这台机器才能良性运转。公司是发展的，管理者应当根据实际动态情况对人员数量和分工及时做出相应的调整，否则队伍中就会出现“不拉马的士兵”。如果队伍中有人滥竽充数，给公司带来的不仅是经济损失，而且会导致其他人员的心理不平衡，最终导致公司工作效率整体下降。

四、项目实践——穿越时空

活动导入

战争时期，我军的一个地下组织在活动中不幸被敌人破坏，你和你的战友全部被抓，关在一个重兵把守的监狱里。在被关的半个月里，你们摸清了监狱周围的环境，监狱的东、南、北三面环河，河里有鳄鱼，一旦掉进去就没有任何生还的机会。只有西边是陆地，但是这里高压电网交错密集，稍有不慎就可能会触电身亡，这也是你们唯一的出路，于是你们决定赌一把。

经过你们半个月的观察发现，每天深夜12点到12点半是巡逻警卫换岗的时间，这半个小时是一天中防守最薄弱的时候，于是你们决定今晚趁着警卫换岗，躲过探照灯，在夜色的掩护下从西边的电网逃生，你们已经没有了退路。

（一）活动道具

此次活动道具为电网，该实训装置为智能化设备，装置具备网络和单机两种工作模式，即可通过面板按键进行本地化设置及操作，还可通过上位机软件进行网络化设置及考核。该设备具备6组可程控的红外线收发装置，通过电脑主机软件或者面板上宽度调整及高度调整按键改变红外边框的宽和高尺寸，从而改变红外边框的大小。在设备金属框架周边，安装有可程控的红色LED发光条，以提示红外边框当前的有效边界，设备的背面红外边光束处均设有红色箭头作为指示标志，为设备背面的参训学生提供红外边界参照。活动过程中团队成员的身体或衣物遮挡红外框，都将触发声光报警功能，设备框架周边的红色LED 发光条闪烁同时伴有报警声。

（二）活动规则

（1）所有人分成两队，站在指定的场地，每个团队的成员在不借助任何外力的情况下依次通过电网。

（2）任何人只能从网洞中穿过，禁止绕过电网逃生，未通过的人禁止绕到电网另一侧去帮忙。

（3）电网带有万伏高压可击穿任何物体，包括四肢、头发、衣服、鞋子、挂件等，触网即宣布“牺牲”，全队重新开始。

（4）帮助女生通过时面部朝上，以防止落地擦伤。

（5）过程中只有队长可以发出“停”“过”的指令，其他人不可以说话，以免被“敌人”发现。

（6）违反以上任意一条活动规则，则需要重新开始。

（7）全员通过且不违规才算成功，一人失败或违规，全队重新开始。

（三）团队建设

1. 分队

➢ **分队预案一：教师课前分队**

（1）教师预分队要求：男女搭配合理、队数为双数。

（2）请各队按照教师课前分队，在指定区域内集合。

➢ **分队预案二：教师课前未分队**

（1）学生按照男生一列，女生一列的顺序站队，按“1、2”报数，所报数字相同的人为一队。将学生分为两队，两队人数均等。

（2）请各队按照分好的队伍，在指定区域内集合。

2. 团队展示

（1）进行队长竞选与队长就职仪式。

（2）教师组织两队策划队伍名称、口号。要求：队伍名称朗朗上口（2—3个字）；口号用简短的语言表达，要求精练、积极、进取、突出团队凝聚力，最好不超过10个字。

（3）各队按顺序展示队伍名称、口号。展示时要喊出来。

例如：我们的队伍名称是……，我们的口号是……。口号连续喊3遍。

（四）活动体验

1. 训练前期准备

（1）教师组织学生熟悉电网，强调运输过程中的安全问题。

（2）熟悉电网的固定、使用等。

2. 第一次PK

（1）活动实施。教师再次强调活动规则，活动计时开始。

（2）讨论与分享：

1）问题：为什么没有全部通过？

2）每队结合活动过程，讨论问题并分享参加活动的感受。

（3）讨论设计意图，通过讨论，让参训学生集思广益解决"如何全部通过"的问题。

3. 第二次PK

（1）教师讲解"行动背景"。教师投影投放"注意事项"页面，并讲解第二次PK的"行动背景"。

行动背景

很不幸，这次逃亡以你们的失败告终，你们全都被抓了回来并遭受了敌人的毒打。为了防止你们再次出逃，敌人加强了防守，你们只能继续等待机会。有一天敌人打了胜仗，所有人都去庆祝了，只留下两个人轮流巡逻，你们知道后，商量决定利用这千载难逢的机会再逃一次……

（2）活动实施。教师再次强调"活动规则"，活动计时开始。

（3）讨论与分享：

1）问题：哪些环节还可以做得更好？

2）每队结合活动过程，讨论问题并分享参与此次 PK 活动的感受。

3）讨论设计意图：通过讨论，让参训学生集思广益解决“哪些环节还可以做得更好”的问题。

4. 第三次 PK

（1）教师讲解“行动背景”。教师投影投放“注意事项”页面，并讲解第三次 PK 的行动背景。

行动背景

敌人庆功结束后发现你们逃跑了，于是集中警力逮捕你们。此时，你们的大部分队友已经顺利通过，为了帮助队友逃生，你们已经筋疲力尽。面对眼前的电网和身后越来越近的枪声，你们该怎么办？

（2）活动实施。教师再次强调“活动规则”，活动计时开始。

（3）讨论与分享：

1）问题：最后的人员是如何过去的？

2）每队结合活动过程，讨论问题并分享参与此次 PK 活动的感受。

3）讨论设计意图：通过讨论，让参训学生集思广益解决“最后的人员如何通过”的问题。

知识拓展

PDCA 循环

PDCA 是英语单词 Plan（计划）、Do（执行）、Check（检查）和 Act（处理）的第一个字母大写的组合。PDCA 循环就是按照“Plan（计划）→Do（执行）→Check（检查）→Act（处理）”顺序进行质量管理，并且循环不断地进行下去的科学程序。

（1）P（Plan）计划，包括方针和目标的确定，以及活动规划的制定。

（2）D（Do）执行，根据已知的信息，设计具体的方法、方案和计划布局；再根据设计和布局，进行具体运作，实现计划中的内容。

(3) C (Check) 检查，总结执行计划的结果，分清哪些对了，哪些错了，明确效果，找出问题。

(4) A (Act) 处理，对总结检查的结果进行处理，对成功的经验加以肯定，并予以标准化；对于失败的教训也要总结，引起重视；对于没有解决的问题，应提交给下一个 PDCA 循环中去解决。

以上 4 个过程不是运行一次就结束，而是周而复始地进行，一个循环完了，解决一些问题，未解决的问题进入下一个循环，这样阶梯式上升。

根据 PDCA 循环，可以细化出完成一个项目的流程：拟订计划→确定领导→定出方案→查看资源→人员分配→实施行动→进行调整→完成项目。

利用 PDCA 循环完成项目，其效率必定是一个螺旋式上升的过程。

第八章　不断更新

一、更新的四个方面

在这里必须强调“工欲善其事，必先利其器”的观念，不断更新习惯的主旨就是磨炼自己，从身体、精神、心智和社会情感四个方面，增加个人产能，累积其他修养的本钱。

磨炼自己是指以均衡、明智的方式，经常从上述四个方面训练自我。这种修养功夫完全得靠自己，旁人无法越俎代庖，它属于重要而不紧急的事。

（一）身体方面：适当运动助健康

锻炼身体也就是维持健康——营养的食物、充分的休息、定期的运动。运动对保健极其重要，可惜经常被忽略。人们从不认为运动是当急要务，因循蹉跎，等到身体出现问题时，却后悔莫及。

许多人都宣称抽不出时间运动。其实每周抽 3—6 小时，或每天抽出半小时做运动并不困难，但是它对每周其余 100 多小时却大有裨益，绝对值得投资。

运动不需要特定的器材，到健身房健身或打网球固然是运动，在家里照样能活动筋骨。好的运动可以增进耐力、灵活性与力气。

耐力是指心脏血液送达全身的效率。心脏本身也是由肌肉组成，不过心肌得靠运动其他肌肉（尤其是腿肌）来锻炼，所以游泳、散步、跑步和骑自行车，都对身体十分有益。

灵活性可借助有氧运动前后的伸展动作加以训练。有氧运动前后的伸展可以放松肌肉与暖身，减轻肌肉酸痛。

力气可通过持久的肌肉运动来培养，例如伏地挺身、仰卧起坐等等。至于究竟应该锻炼到何种程度，视个人需要而定。劳力者如运动员，必须加重分量；劳心者则在有氧运动、伸展运动外，稍微加些柔软体操即可。

随着体力的增进，人们对日常活动更可以应付自如，再也不会一到下午就精神不济，或是疲倦得无法做运动。运动还能培养毅力，增加自信。

（二）精神方面：荡涤心灵的尘埃

精神是人的核心，代表价值体系，极为隐私又极端重要。每个人提升精神层次的方式各自不同，荡涤心灵的尘埃需要投注时间。事实上，人们只需花费一点时间，只要把人生的意义与方向想个透彻，精神就会像一盏明灯，指引人们积极进取的方向。

（三）心智方面：不要停止自我教育

通常心智发展与学习活动都在正规教育中进行，一旦离开学校，许多人就不再认真学习，从不阅读书籍，从不在工作之外求知，从不分析思考，也不努力写作。

教育才是砥砺心智的正途。借助教育与训练，不失为继续求知的良策，但主动积极的人更懂得如何把握机会进行自我教育。自我教育的最佳方式，莫过于养成阅读文学名著的习惯。人们可以由一个月读一本书开始，然后进步到两周读一本书，甚至每周读一本书，好的杂志与图书也值得一读。

写作是砥砺自我的另一种有效途径。记下个人的心得、经历、思想，可借以厘清思路，增进思考能力；撰写思想深刻的信函也同样有益。有句话说："运筹于帷幄之中，决胜于千里之外。"

建议大家每天身体力行阅读或写作 1 小时，并且终身不渝。

（四）社会情感方面：历练待人处事之道

社会与情感生活互为表里，情感主要来自人际关系，也多半反映在人际关系上。因此不必多费心，只要在日常交往中多加强练习即可。以关系密切的人为例，不论是配偶子女，或同事亲朋，由于必须经常接触，难免意见相左。

至于增进内在安全感的方式，包括：坚守原则，肯定自我；与人为善，相信人生不止输赢两种抉择，还有双方都是赢家的第三种可能性；乐于奉献，服务他人；燃烧自己，照亮别人。如果把工作当作一种奉献，再平凡的职业也会显得不同凡响。

二、帮助他人成长

一般人都生活在社会制约下，受别人好恶所左右。在互助关系中，人们是社会制约的一部分。因此，可以如实反映他人的个人形象，把他人当成有责任感的人看待，以鼓励其培养积极主动的态度，成为以原则为中心、重视价值观且不失本色的独立个体。

富足的心态则使我们助人成长，不会顾忌助人会对自己不利。相反，人们深信这会增加与其他独立个体进行有效交流的机会。歌德早有明训："以一个人的现有表现期许之，他不会有所长进。以他的潜能与应有成就期许之，他定能不负所望。"

三、聆听良知的声音

不断自我更新是改变与成长的关键，但在这个日新月异的过程中，良知的指引不可或缺。法国女作家斯塔尔夫人有句名言："良知的声音极其微弱，很容易被淹没，可是却又清晰得令人无法遁逃。"

良知是人类与生俱来、明辨是非善恶的本能。正如优秀的运动员必须锻炼神经与肌肉协调能力，杰出的学者必须激励心智，成功圆满的个人也需要激发良知。因此，应经常阅读发人深省的著作，怀抱崇高的理想，奉行自己的信念，全神贯注，持之以恒。

人贵自觉，人生应有目标与原则，否则便无异于禽兽，仅为生存与繁殖而活。堕入这种层次的人不是享受生命，而是"受制于"生命，白白糟蹋万物之灵的天赋。

修身励志没有捷径，必定是一分耕耘一分收获。而正直与成功不可分，做人越是端正，越能够正确判断客观世界，心中的观念地图也越精确。这种良性循环能够使人成长，但必须靠不断的学习、坚持与实践良知所认定的正确原则来维系。

第九章 职业能力

一、职业兴趣的培养

职业兴趣是兴趣在职业方面的表现，是指人们对某种职业活动具有的比较稳定而持久的心理倾向，使人对某种职业给予优先注意，并向往之。

兴趣是一种无形的动力，每个人都会对他感兴趣的事物给予优先注意和进行积极的探索，并表现出心驰神往。职业兴趣是一个人对待工作的态度，对工作的适应能力，表现为有从事相关工作的愿望和兴趣，拥有职业兴趣将增加个人的工作满意度、职业稳定性和职业成就感。知遇网根据颇具权威的霍兰德职业兴趣分类方法，将职业兴趣分为常规型、艺术型、实践型、研究型、社会型、管理型六种类型。

（一）职业兴趣分类

（1）常规型。尊重权威和规章制度，喜欢有秩序的、安稳的生活。惯于按照计划和指导做事，按部就班，细心有条理。不习惯自己对事情作判断和决策，较少发挥想象力。没有强烈的野心，不喜欢冒险。

（2）艺术型。热爱艺术，富于想象力、拥有很强的艺术创造力；乐于创造新颖、与众不同的成果，渴望表现个性，展现自己。做事理想化，追求完美。善于用艺术形式来表现自己和表现社会；进行艺术创作或创新时，不喜欢受约束和限制。

（3）实践型。喜欢使用工具或机械从事操作等动手性质的工作，动手能力强，通常喜欢亲自体验或实践理论和方法甚于与其他人讨论，一般不具有出众的交际能力，喜欢从事户外工作。

（4）社会型。乐于助人和与人打交道，乐于处理人际关系；喜欢从事对他人进行传授、培训、帮助等方面的服务工作；愿意发挥自己的感染力和说服力引导别人；通常，社会型的人有社会责任心，热情、善于合作、善良、耐心，重视社会义务和社会道德。

（5）研究型。喜欢理论研究，潜心于专业领域的创新和应用；喜欢探索未知领域，擅长使用逻辑分析和推理解决难题。不喜欢官僚式的管理行为过多地影响研究工作。

（6）管理型。对其所能支配的各种资源能够进行有效的计划、组织、领导和控制；喜欢影响别人、敢于挑战，自信、有胆略、有抱负，沟通能力出色，擅长说服他人，追求声望、经济成就和社会地位。

根据这六种职业兴趣对每一个职业的重要性的不同，为每一个职业制作了职业兴趣雷达图。每一种职业兴趣旁边标注的数字代表了该职业兴趣对于职业的重要性程度：5—非常重要，4—比较重要，3——一般，2—不太重要，1—很不重要。

每个人都会有自己的职业兴趣倾向，根据个人和职业的职业兴趣比较，就可以匹配最适合自己的职业。

兴趣是指建立在需要基础上，带有积极情绪色彩的认知和活动倾向，是个人对其环境中的人、事、物所产生的喜爱程度，是个人力求认识、掌握某事物，并经常参与该种活动的心理倾向。当个人对某事物有兴趣时，会对它产生特别的注意力，对该事物感知敏锐、记忆牢固、思维活跃、情感浓厚、意志坚强。兴趣是人们活动的重要动力之一，是活动成功的重要条件。

职业兴趣是指人们对某种职业活动具有的比较稳定而持久的心理倾向。它是一个人探究某种职业或从事某种职业活动所表现出来的特殊个性倾向，使个人对某种职业给予优先的注意，并具有向往的情感。由于兴趣爱好不同，人的职业兴趣也有很大的差异：有人喜欢具体工作，如室内装饰、园林、美容、机械维修等；有人喜欢抽象和创造性的工作，如经济分析、新产品开发、社会调查和科学研究等。职业兴趣对职业选择和职业发展都有一定的影响。

兴趣的发展一般经历有趣、乐趣、志趣三阶段。对于职业活动，往往从有趣的选择，逐渐产生工作乐趣，进而与奋斗目标和工作志向相结合，发展成为志趣，表现出方向性和意志性的特点，使人坚定地追求某种职业，并为之尽心尽力。

企业型的人是不是思考者，是实干家。他们喜欢与人和理念打交道，而不是实际执行。他们有很好的言语能力，与社会型喜欢支持和帮助他人相比，他们更倾向于用自己的语言技巧说服和影响他人，他们看重自己政治和经济方面的积累，关注利润、社会的名声和地位。他们喜欢开启项目，执行下去，尤其当这个项目是一场商业上的冒险——冒着风险，赢回利润。这些目标导向的人们喜欢领导他人，做出决策。

企业型的人喜欢包含销售、营销或领导的活动。他们喜欢竞争，渴望开启新的事情；他们不喜欢那些需要追求细节，持续记录，细致的科学性观测，或分析东西的工作，遇到例行公事或条条框框的工作，他们也会不耐烦。这类型的人往往会在大大小小的组织和公司里，从事和销售、管理、政治或其他管理、领导相关的职位。他们喜欢通过金钱、权力或影响力来获得回报。

（二）职业兴趣影响因素

职业兴趣是以一定的素质为前提，在生涯实践过程中逐渐发生和发展起来的，它的形成与个人的个性、自身能力、实践活动、客观环境和所处的历史条件有着密切的关系。因此，职业规划对兴趣的探讨不能孤立进行，应当结合个人的、家庭的、社会的因素来考虑。了解这些因素，有利于深入认识自己，进行职业规划。

（1）个人需要和个性。不管人的兴趣是什么，都是以需要为前提和基础的，人们需要什么也就会对什么产生兴趣。人们的需要包括生理需要和社会需要或物质需要和精神需要，因此人的兴趣也同样表现在这两个方面：人的生理需要或物质需要一般来说是暂时的，容易满足，比如人对某一种食物、衣服感兴趣，吃饱了、穿上了也就满足了；而人的社会需要或精神需要却是持久的、稳定的、不断增长的，比如人际交往、对文学和艺术的兴趣、对社会生活的参与则是长期的、终生的，并且不断追求的。兴趣是在需要的基础上产生的，也是在需要的基础上发展的。

有的人兴趣和爱好的品位比较高，有的人兴趣和爱好的品位比较低，兴趣和爱好品位的高低会受一个人的个性特征优劣的影响。比如，一个人个性品质的高雅，会对公益活动感兴趣，乐于助人，对高雅的音乐、美术有兴趣；反之，一个人个性的低级，会对占小便宜感兴趣，对低级、庸俗的文艺作品感兴趣。

（2）个人认知和情感。兴趣不足是和个人的认知和情感密切联系着的。如果一个人对某项事物没有认识，也就不会产生情感，因而也就不会对它产生兴趣。同样，如果一个人缺乏某种职业知识，或者根本不了解这种职业，那么他就不可能对这种职业感兴趣，在职业规划时想不到。相反，认识越深刻，情感越丰富，兴趣也就越浓厚。

比如，有的人对集邮很入迷，认为集邮既有收藏价值，又有观赏价值，它既能丰富知识，又能陶冶情操，而且收藏得越多，越丰富，就越投入，越情感专注，越有兴趣，于是就会发展成为一种爱好，并有可能成为他的职业生涯。

（3）家庭环境。家庭作为最基本的社会单元，对每个人的心理发展都产生重要的影响。因此，个人职业心理发展具有很强的社会化特征，家庭环境的熏陶对其职业兴趣的形成具有十分明显的导向作用。大多数人从幼年起就在家庭的环境中感受其父母的职业活动，随着年龄的增长，逐步形成自己对职业价值的认识，使得人在选择职业时，不可避免地带有家庭教育的印迹。家庭因素对职业取向的影响，主要体现在择业趋同性与协商性等方面。

一般情况下，个人对于家庭成员特别是长辈的职业比较熟悉，在职业规划和职业选择上产生一定的趋同性影响，同时受家庭群体职业活动的影响，个人的生涯决策或多或少产生于家庭成员共同协商的基础上。兴趣有时也受遗传的影响，父母的兴趣也会对孩子有直接的影响。

（4）受教育程度。个人自身接受教育的程度是影响其职业兴趣的重要因素。任何一种社会职业从客观上对从业人员都有知识与技能等方面的要求，而个人本人的知识与技能水平的高低在很大程度上取决于其受教育的程度。一般意义上，个人学历层次越高，接受职业培训范围越广，其职业取向领域就越宽。

（5）社会因素。一方面，社会舆论对个人职业兴趣的影响主要体现在政策导向、传统文化、社会时尚等方面。政府就业政策的宣传是主要的影响因素，传统的就业观念和就业模式也往往制约个人的职业选择，而社会时尚职业则始终是个人特别是青年人追求的目标。如当前计算机技术和旅游事业都得到较大发展，对这两个职业有兴趣的人也增加得很快。

另一方面，兴趣和爱好是受社会性制约的，不同的环境、职业、文化层次的人，兴趣和爱好都不一样。

（6）职业需求。职业需求是一定时期内用人单位可提供的不同职业岗位对从业人员的总需求量，它是影响个人职业兴趣的客观因素。职业需求越多、类别越广，个人选择职业的余地就越大。职业需求对个人的职业兴趣具有一定的导向性，在一定条件下，它可强化个人的职业选择，或抑制个人不切实际的职业取向，也可引导个人产生新的职业取向。

（7）年龄的变化和时代的变化会对人的兴趣产生直接影响。就年龄方面来说，少儿时期往往对图画、歌舞感兴趣，青年时期对于文学、艺术感兴趣，成年时期往往对某种职业、某种工作感兴趣。它反映了一个人兴趣的中心随着年龄的增长、知识的积累在转移。就时代来讲，不同的时代，不同的物质和文化条件，也会对人兴趣的变化产生很大的影响。

以上因素对每个人的影响都不同，需要在职业规划中予以考虑。

（三）职业兴趣与职业生活的关系

良好而稳定的兴趣使人从事各种实践活动时，具有高度的自觉性和积极性。个人根据特定的兴趣选择某种职业，兴趣就会变成巨大的个人积极性，促使一个人在职业生活中做出成就。反之，如果你对所从事的职业不感兴趣，就会影响你积极性的发挥，难以从职业生活中得到心理上的满足，不利于工作上的成就。

值得一提的是，需求是影响职业选择的重要的且不易觉察的内在因素，动机是在需求支配下受到外在刺激影响而形成的综合性动力因素从而影响职业选择。兴趣是在需要基础上受到动机的影响，从而对职业选择产生一定的影响的、变化的、较为外在的因素。

当然，其中也会有相对持久性的兴趣同时作为外延因素对动机的变化发展产生一定作用。比如，一个人缺乏物质生活保障，便会有生理、安全需要，从而会去工作、劳动，获取报酬，换取物质条件，满足自己需要，因而会对所有能挣钱“糊口”，维持生存工作感兴趣。当认为某项工作能挣大钱、报酬高时，会强化自己克服种种困难从事该项工作的动机。但若觉察或发现该项工作有生命危险时，便会减低或放弃这种兴趣，减弱想从事该项工作的动机。

（四）职业的选择

首先，多搜集自己所学专业所对应职业的有关信息。关注职业的现状和发展趋势；多参与和职业相关的实践活动，在实践中感受取得成功的快乐；多了解本行业成功人士的事迹，通过真人真事感悟职业的乐趣。

其次，学好专业课。知识的积累、技能的提高，是形成职业兴趣的源泉，兴趣是在长期的教育影响与社会实践中不断发展起来的。

最后，要拓展自己的兴趣范围。应该培养自己对众多事物的兴趣，增强对陌生事物的好奇心，好奇心是形成学习兴趣的先导。

在从业过程中，如果对事业有追求，就会在目前的岗位上付出努力，从成功中获得喜悦，逐渐形成对这一职业的兴趣。对于已经专业定向的学生来说，更应该加强培养对即将从事的职业的兴趣。

二、情绪

人的情绪有天生也有后天的成分，情绪可以被分为与生俱来的基本情绪和后天学习的复杂情绪。

情绪是生物在产生意识、高级心理活动的基础上，而产生的主体的愿望、需要、欲望、追求目标等为中介的一种心理活动形式。例如，光引起了明亮感，声音引起了听觉，学习导致了记忆，但是人的心理活动远不止如此。作为主体的人，客观事物对他是具有某种意义的，客观事件或情境可以符合或不符合主体的愿望，这时，主体对它总是有一定的态度的，由此产生了情绪。

简单地说，情绪是对客观事物的一种主观感受。真实情绪伴随生理和外在行为的变化。

（一）情绪的特征

1. 情绪的状态

（1）心境。心境是一种微弱、平静和持久的情绪状态，即心情，如愉快、郁闷、纠结等。人们总说的心情不好、难过，也属于心境。

（2）激情。激情是一种迅速而短暂的情绪状态，如勃然大怒、欣喜若狂等都是激情的表现。激情有积极和消极之分。积极的激情能帮助人克服困难，攻克难关；消极的激情则对人的活动具有不良作用，使人自制力下降。

（3）应激。应激是出乎意料的紧急情况所引起的急速而高度紧张的情绪状态。比如当遇到突发事件，这就要求个人迅速地运用自己的智慧和经验，立刻做出决定，以应付紧急情况，此时产生的特殊体验就是应激。应激的状态下，人的潜能会被挖掘出来。

2. 情绪的来源

（1）性格态度。如果双方的性格完全不同，或者一方的态度让人很难接受，很可能本来是一件很好的事情，也会让人产生情绪。

（2）环境刺激。环境会影响人的心情。例如，需要安静的时候，周围的环境很嘈杂，或者着急赶路的时候，中间总是会出现很多阻碍，都会让人特别烦躁。

（3）认知偏见。两个人对同一件事的认知不一定相同，甚至有可能是完全不同的，因此很有可能产生分歧，导致交流中出现消极情绪。

（4）思维观念。人与人的思想和思路存在差异。不同的思维观念的人讨论事情时，往往会引起很多复杂的心理变化，表现在外就是情感宣泄。

3. 情绪的特点

（1）隐蔽性。情绪是人的内在心理特征，由人的内心活动激发，具有一定的隐蔽性。

（2）积累性。情绪是会发展的，本来只是一个小问题，经过不断地积累，最后很可能变成一件大事情。

（3）突发性。突发性是指经过不断积累，一旦遇到突破口，情绪就有可能突然爆发出来，往往这时候的能量是很惊人的。

（4）短暂性。情绪还具有短暂性，例如，积累了长达一年的怒气，发泄出来却只有几分钟。

（5）破坏性。覆水难收，说出去的话就收不回来了，情绪爆发的破坏性很大，伤害别人的感情就很难弥补。

（二）消极情绪

1. 常见的消极情绪

➢ **焦虑**

焦虑是指个体因不能达到预期目标或不能克服障碍的威胁而产生的自尊心与自信心受挫、失败和内疚感增强、紧张不安、带有恐惧感的消极情绪状态。焦虑主要包括以下 3 个方面。

（1）认知成分。它以对未来事件的担心为基本特征，是焦虑的核心部分，如担心考试考不好、担心被同学看不起等。

（2）生理成分。它是与自主神经系统相结合的，如参加某种大型活动前，呼吸、心跳加快，出汗等。

（3）行为成分。一般来说，焦虑程度与学习效率之间呈“倒 U 形”曲线，如考试前完全不焦虑就不会认真去复习，考试焦虑过度也许会因紧张而晕厥等。

其实，生活中适当的焦虑是必要的、不可缺少的，有了对当前遭遇的担心和不安，才能引起足够的注意，提高警惕，增强警觉性，使事情向积极的方面转化，发展。但是，长期处于焦虑状态的人，身心过度疲惫，会造成身体的不适，还会因经常处于警觉状态导致注意力难以集中，记忆力下降，进而使学习效率下降。

中职课程专业性强，对学生的思维要求较高，部分学生不能适应这一变化；学生面临考试、就业等压力，容易引起内心的紧张、忧虑、恐惧等情绪，从而导致了焦虑。过度的或过于持久的焦虑会扰乱学生正常的心理活动，导致心理疾病的发生，如恐惧症、强迫性神经症等，从而严重地影响到他们的正常生活和学习。

➢ **冲动**

冲动是自我情绪的一部分，也是个人情绪中不可或缺的一种能量。冲动就像每个人的影子，是情感中挥之不去的、时而会猛烈爆发的那个自我，它是与生俱来的。冲动的情绪其实是最无力的情绪，也是最具破坏性的情绪。有时，因为好奇会冲动，因为诱惑会冲动，因为仇恨会冲动。冲动是“魔鬼”，冲动常常会让人失去理智，从而造成难以预料的后果。

➢ **恐惧**

恐惧是指由某种危险所引起的消极情绪，是对现实存在的，或曾经发生的令人害怕的事件的一种情绪体验，是生活中较为强烈的一种情绪反应。个体对恐惧的主观体验非常强，是因为恐惧在个体的生存中起着极为关键的作用。

适当的恐惧对生命来说是有意义的。生在人世，人要面对各种恐惧，而恐惧在社会中扮演着维持秩序的角色，人们害怕生病，会讲卫生；人们害怕发生交通事故，会遵守交通规则；人们害怕失业，会努力做好自己的工作。但过度恐惧，会让人时刻笼罩在巨大的阴影里，降低人们的反应力、反抗力和行动的敏捷性，从而影响正常的工作和生活，而且还会大大降低人体的免疫力。

➢ **孤独**

孤独是指个人的交往动机、合群需要未得到满足而产生的一种内心体验。过于敏感、对自身缺乏了解、不能很好地理解别人、人际关系不融洽、家庭气氛淡漠、教师的人格缺陷等都可能造成中职生的孤独感。

➢ **紧张**

当今世界是一个竞争激烈、快节奏、高效率的社会，这就不可避免地让人感到紧张和压力。精神紧张一般分为强、弱和适度三种。人们需要适度的精神紧张，因为这是人们解决问题的必要条件。但是，过度的精神紧张，却不利于问题的解决。从生理心理学的角度来看，人若长期反复地处于超生理强度的紧张状态中，就容易急躁、激动、恼怒，严重者还会出现大脑神经功能紊乱，有损健康。因此，要克服紧张的心理，设法把自己从紧张的情绪中解脱出来。

➢ **沮丧**

一般说来，自尊心极强、缺乏抑制力，或对生活的艰难缺乏准备的人，都会有不同程度的沮丧表现。心理学上的沮丧症也称精神萎靡症，是一种常见的轻微发作的抑郁症，是一种消极的情绪障碍。

沮丧症的主要症状既表现在生理上，也有情绪、思维方面的。如精神上的持续忧郁，有烦躁感和空虚感，对生活失去信心；对前途悲观失望，有一种深深的负罪感，认为生活毫无意义；不能接受外界的影响，对日常生活无任何兴趣；精力不能集中，记忆力衰退或优柔寡断；常有莫名其妙的哭泣感等。

在生活中，每个人都会偶尔感到沮丧。但如果对其置之不理，久而久之，它能扑灭人心头的希望之火，摧残人的意志，削弱人的能力，损害人的身心健康。

➢ **不满**

生活中，人们有时会觉得这世界非常不公平。当达不到自己的要求和理想时，人们会产生不满情绪。不满会影响人们对工作和学习的热情，还能引起内分泌失调，影响人体的正常活动和对于营养物质的吸收，所以要尽量抑制这类情绪的产生。

➢ **冷漠**

冷漠是个体面对挫折情境的一种自我逃避式的退缩性的心理反应，它带有一定的自我保护或自我防御性质。冷漠包括缺乏积极的认识动机，活动意向减退，情感淡漠，情绪低落、意志衰退，思维停滞。有的学生表面上似乎对什么都不感兴趣，也不在乎，对周围的人和事总是无动于衷，但实际上，他们有一种说不清的压抑感，内心充满痛苦；在学习生活中，当面临困难和挫折时，他们常表现出漠不关心的态度，从而保护自己。具有这种性格的人，缺乏进取精神，对任何事物都不感兴趣，终日随波逐流，无所事事。

➢ **自卑**

自卑是一种带有自我否定倾向的情绪体验，是对自我的轻视或不满，总觉得自己不如别人的心理状态。自卑情绪体验较多的人，常常少言寡语，多猜疑，行动上易退缩、易放弃。病态的表现为怕见陌生人，一见陌生人就会全身紧张，手足无措，唯恐别人笑话自己，自我感觉一切不如人，对前途完全失去信心，人际关系冷淡。

2. 消极情绪的产生

生活中充满了挫折、烦恼、麻烦，所以学会调节和控制自己的情绪是人生必修课。心理学研究表明，压抑并不能改变消极情绪，反而会使这些消极情绪沉积在心底。当它们积累到一定程度时，往往会爆发出来，给自己和他人造成伤害。因此在青少年时，应慢慢学会调节和控制自己的情绪，逐渐变成一个成熟的人。

消极情绪可以分为急性和慢性两种。因受到外界刺激而冲动发火，做出种种不理智的行为，可以说是急性的消极情绪。对付这种消极情绪常用的方法是及时给予自己暗示和警告，比如当你感到怒气正在上升时，在心里对自己说："克制，再克制"，或者默默地从 1 数到 10。往往只需几秒、几十秒，你的情绪就能够平静下来，那时再去处理问题，就不会做出使自己后悔的事了。

慢性的消极情绪往往是由生活中许多不如意的事情造成的。造成消极情绪的原因也许不能一下消除，但长期陷入消极情绪之中，并不能改变现状，往往还会使情况变得更坏。如果能够调整自己，使自己摆脱消极情绪的控制，就有力量来面对不如意的现实。当感到情绪消沉的时候，可以转移注意力，比如出去散散步、听音乐、打球、逛街；也可以向知心的朋友哭诉一下。心理学研究表明，哭泣有一种治疗的功能，人在痛哭一场后，往往心情就变得好多了，因此不必为哭泣而害羞。同时，也可以写日记，或求助于心理咨询热线，让自己的消极情绪宣泄出来。除了宣泄以外，如果能够为改变自己的处境而去做些事情，或者以逆境为人生的动力去努力奋斗，就会更快地摆脱消极情绪，一方面是在做事的过程中需要集中注意力，从而没时间去自怨自艾；另一方面是在处境得到改善的过程中，眼界会变得更开阔，从而可能使人们对生活产生新的看法。

3. 消极情绪的危害

正常的情绪反应，不论是积极的还是消极的，都有助于个体的行为适应。然而，消极情绪的反应对于人的健康和社会适应都是有害的。

人的情绪虽然主要受大脑皮质下中枢支配，但是当这一部分活动过强时，大脑皮质的高级心智活动，如推理、辨别等将受到抑制，使人的认识范围缩小，不能正确评价自己行动的意义及后果，自制力降低；引起正常行为的瓦解，并使工作和学习效率降低。

国外有人做过这样一个实验，让几个大学生分别进入实验室，该实验室有4个门，其中3个门是锁住的，只有1个门可以打开，实际上只要按顺序将各门试一下，便能很快找到出路。但当实验者用冷水、电击、强光、大声等强烈刺激同时加之于受试者，使之趋于紧张状态时，好几个被试者呈现慌乱情绪，不知道按顺序找出路，四面乱跑，已经试过是被锁住的门，会重复地去尝试，显然是给弄糊涂了。像这一类因情绪激动而失去理智的现象，在日常生活中屡见不鲜。很多学生平时成绩不错，到了考试时，由于过分紧张，成绩反而降低；有些运动员在重大比赛中，也常常因心情紧张而临场发挥不好。过度的精神紧张，还可能引起超限抑制，一个人吓得呆住或气得说不出话来就是这种表现。即使积极的情绪也需要适度，“乐极生悲”并不是耸人听闻。例如，有一个人得知自己的3个儿子在奥林匹克运动会上同时夺得金牌后突然死亡；《儒林外史》中屡试不第的穷书生范进，在听到自己中了举人的消息后，喜极发疯了。

（三）情绪管理

能够控制情绪是一个人成熟的标志。不能很好地调节自己的心情、控制自己的情绪，会给人不成熟的感觉，有时甚至会伤害到别人，让人望而生畏。由此带来很多消极影响。

1. 自我认知

➢ **认知自我情绪的方法**

（1）记录法。做一个情绪的有心人，可以抽出一至两天或一个星期，有意识地留意并记录自己的情绪变化过程；可以以情绪类型、时间、地点、环境、人物、过程，原因、影响等项目为表头，列一个情绪记录表，连续地记录自己的情绪状况。

（2）反思法。可以利用情绪记录表反思自己的情绪；也可以在一段情绪过程之后反思自己的情绪反应是否得当。

（3）交谈法。与家人、朋友等进行诚恳交谈，听取他们对情绪管理的看法和建议，借助别人的眼光认识自己的情绪状况。

（4）测试法。运用专业的情绪测试软件，或是咨询专业人士，获取有关自我情绪认知与管理的方法建议。

➢ **自我认知的作用**

成功和快乐的起点就是良好的自我认知。在真正喜欢别人以前，必须先接纳自己。在人们的生存和发展过程中，情绪常伴随左右，各种不同的情绪对于人们事业的成功、爱情的甜蜜、家庭的温暖产生着巨大的影响。在人们所表现的情绪中，一种情绪往往隐藏在与之对立的另一种情绪里面。发现和研究那个秘密的、隐藏起来的情绪，对于人们更好地发展有着非常重要的意义。

2. 情商与情绪

情商通常是指情绪商数，主要是指人在情绪、意志、耐受挫折等方面的品质。总的来讲，人与人之间的情商并无明显和先天差别，更多与后天的培养息息相关。从最简单的层次上下定义，提高情商是把不能控制情绪的部分变为可以控制情绪的部分，从而增强理解他人及与他人相处的能力。

科学家发现，大脑控制情绪的部分（边缘系统）受损的人，可以很清晰和符合逻辑地推理和思维，但所做出的决定都非常低级。科学家因此断定，当大脑的思维部分与情绪部分相分离时，大脑不能正常工作。人类在做出正常举动时，是综合运用了大脑的两个部分，即情绪部分和逻辑部分。一个高情商的人是会综合利用大脑中的各个部位的。

消极情绪的管理方法如下。

（1）宣泄。所谓宣泄，是指在适当的场合，采取适当的方法，排解心中的不良情绪。

（2）哭泣。哭泣是一种积极有效的排遣消极情绪的方法。美国专家研究发现，眼泪可以缓解人的压抑感。他们通过对眼泪进行化学检测发现，泪水中含有两种重要的化学物质，即亮氨酸——脑啡肽复合物及催乳素。有趣的是，这两种化学物质仅存在于受情绪影响而流出的眼泪中，在受洋葱等刺激流出的眼泪中则检测不出来。因而他们认为人体排出眼泪，可以把体内积蓄的导致忧郁的化学物质清除掉，从而减轻心理压力，保持心绪舒坦轻松。所以，该哭就哭，哭泣不应该是女生的专利，男生也要学会哭泣。

(3) 倾诉。人在情绪低沉时，应把心中的苦恼倾诉出来，特别是性格内向的人，光靠自我控制、自我调节是不够的。因此，当心中积满不良情绪无法疏散时，可以向父母、教师、同学、知心朋友等可以信赖的人倾诉自己的苦恼，发发牢骚，求得别人的指点。这样使消极情绪发泄出来后，精神就会放松，心中的不平之事也会渐渐消除。倾诉不仅要求有倾诉者，更重要的是要有优秀的倾听者，每个人有了烦恼可以找人倾诉。

(4) 喊叫。喊叫是很常见的释放压力的方式，总会在一些时候觉得心中有很多情绪需要表达出来，很多感受需要发泄出来。国外有一种喊叫疗法，其实就是几个音反复组合，像唱歌、唱戏、练嗓那样，喊完了就舒服了，不郁闷了。但要注意喊叫的环境，不要扰民。

(5) 歌唱。高声歌唱也是合理宣泄的有效手段。当消极情绪积压在心中时，不妨唱唱歌，歌的旋律，词的激励，唱歌时有节律地呼吸和运动，都可以宣泄情绪。

情绪的宣泄要有节制，要注意方式、方法和时间场合，尽量不影响别人，不损害自己，否则会带来新的情绪困扰。

➢ **转移注意力**

转移注意力就是把注意力从引起消极情绪的事情转移到其他事情上，适合于比较容易排解的情绪。注意力转移的关键是要主动及时，不要让自己在消极情绪中沉溺太久，立刻行动起来，你会发现自己完全可以主宰情绪，如找人聊天、看电视、看电影、听音乐、看小说、运动、逛街、做家务、帮助别人等都可以转移注意力。

➢ **使用幽默**

幽默就是以乐观的心态，轻松的调侃，或者是自我解嘲给生活带来笑声，缓解紧张的气氛。比如看一些幽默笑话，和同学、朋友幽默交谈，会使你精神放松。因此，幽默是避免人际冲突，缓解紧张的灵丹妙药。经常的幽默，既可以给他人带来快乐，也可使自己心境坦然。

知识拓展

德行与惯性

一辆公交车突然急刹车，一位先生没站稳，撞到一位漂亮女孩。这位漂亮女孩便脱口骂了一句：“瞧你那德行！”这是骂人了。但这位先生既没有生气，也没有发火，只对这位女孩笑笑说：“姑娘啊，您说错了，不是德行，是惯性。”这句话把周围人逗乐了，意思是说，这不是一个品德问题，而是一个简单的物理现象。你看，本来当众让一位漂亮女孩骂了一句，很不舒服，甚至一天都会感到别扭。但这么幽默回复了，大家一乐，马上就不别扭了。可见，幽默可以自我解脱，摆脱尴尬。

➢ **自我暗示**

自我暗示是指有意识地将某种观念暗示给自己，从而对情绪和行为产生影响。在被消极情绪所困扰的时候，可以通过语言的暗示作用，来调整和放松心理上的紧张状态，使消极情绪得以缓解。

心理学家马尔兹说：“我们的神经系统是很‘蠢’的，你用肉眼看到一件喜悦的事，它会做出喜悦的反应；看到忧愁的事，它会做出忧愁的反应。”

当习惯地想象快乐的事，神经系统便会习惯地处在一个快乐的心态中。因此，只能输入积极的语言，比如，“生活的每一方面，都一天天变得更美好”“心情愉快”“一定能成功”等，语句简洁有力，不要含糊、脱离实际及与人攀比。

➢ **自我安慰**

当一个人追求某项事物而得不到时，为了减少内心的失望，常为失败找一个冠冕堂皇的理由，用以安慰自己，就像吃不到葡萄说葡萄酸的狐狸一样，这被称作“酸葡萄心理”。与此相反的是“甜柠檬心理”，即用各种理由强调自己所有的东西都是好的，以此冲淡内心的不安与痛苦。这种自我安慰的“甜柠檬心理”，偶尔可以作为缓解情绪的权宜之计，对于帮助人们在极大的挫折面前接受现实，接受自己，避免精神崩溃，不无益处。但若用得过多，成为个人的主要防卫手段，则是一种病态，会妨碍自己去追求真正需要的东西。

➢ **放松**

通过训练，人们还可以用自我放松法控制情绪。即按一套特定的程序，以机体的一些随意反应去改善机体的另一些非随意反应，用心理过程来影响生理过程，从而达到松弛神经的效果，使紧张和焦虑的情绪解除。

（1）深呼吸。人的身心是一个统一的整体，人精神一紧张就会有生理反应——心慌气短，此时是人的交感神经兴奋了，会引起肾上腺素分泌，所以就会心跳加快，呼吸变得急促。而深呼吸的时候是人的副交感神经兴奋，刚好可以缓解紧张，这心慌气短的症状便会消除。考试紧张时可采用此法。

（2）想象法。想象法就是通过想象使大脑里浮现出画面，来调整情绪，改变心态。一类是想高兴的事情，另一类是想美好的景色。教师可以带领学生集体做一次练习；请学生舒适地坐好，怎么舒适怎么坐，靠在椅背上，两手放在膝盖上，一定要闭上眼睛，脑子里浮现出画面，效果才好，否则就找不到那种感觉。

➢ **理智**

要用理智来驾驭自己的情绪情感，而不要做情绪情感的俘虏。平时经常说“这人失去理智了”，就是说他控制不住自己的情绪，压不住火，大骂出口或大打出手了，或者激化了矛盾，或者导致了悲剧、惨案，这是冲动、失去理智的结果。

第一，要思考发怒发火是不是有道理。俗话说理直气壮，我有理，所以可以大声辩论和批评。两个人吵架，旁观者有时难以分清谁有理，一个特别简单的方法是看谁气急败坏、在那大声喊叫，那个人往往没理，因为没有理，所以只能用气势、用高声来压倒对方，而那真正有理的人，任凭对方喊骂，等对方喊累了，骂完了，告诉对方错在哪儿了，证据确凿，对方就无话可说了，所以有理不在声高。

第二，要思考发怒、发火的后果。两只羊相向过一座独木桥，总得有一只后退相让，否则便会同归于尽。退一步海阔天空，与人方便，彼此谦让，最后大家都会成功。

第三，要思考有无替代发怒、发火的办法。使用幽默也是一种行之有效的好办法。

三、求职面试

（一）面试前的准备工作

“面试几分钟，背后辛苦功”，这句话形象地说明了面试前准备工作的重要性。接到面试通知后，需要准备如下工作。

（1）迅速查找并重温该企业的原始招聘广告。每个求职者都可能投寄出若干封求职信，因此在寄出求职信的同时，应该把每个企业的招聘广告剪辑记录下来，以便在收到企业的面试通知时进行查阅，避免张冠李戴。查阅的同时要重温该企业的背景情况，这在招聘广告中都会有所说明，同时再重温当时应聘的是何种职位，该职位在招聘广告中的要求是什么等。如果备有几种不同的求职信，应当了解寄出的是哪一种求职信，最好再看一遍，做到心中有数。

（2）查找交通路线，以免面试迟到。接到面试通知后，应仔细阅读通知上是否标有交通路线，要清楚究竟在何处上下车、换车。要留出充裕的时间去搭乘或换乘车辆，包括一些意外情况都应考虑在内。如果对交通不熟悉的话，最好先在手机上下载导航软件，以便随时查阅。

（3）整理文件包，带上必备用品。面试的时候应该随身携带一个文件包，把面试时要用到的材料和物品放进去，以便用时可以随时取出。需要携带的材料有备用简历、纸和笔、证明材料、记录地址、电话和联系人的便条等。

面试前要明确三要素，即时间（When）、地点（Where）、联系人（ Who），简称 3W。准备一个记录了 3W 的便条放在文件包里是一个很好的做法。可能会认为，自己在面试前已经知道地址了，电话和联系人知不知道都没关系。实际上，意外常常发生。比如，招聘单位可能在不同的楼办公；比如堵车时可能要打个电话说明情况；到达后接待人员可能会问你联系人是谁。事先没有准备会被这种小问题弄得措手不及，影响情绪。找不到自己的联系人不仅会慌乱、影响心情，也会给招聘单位留下办事不细心的印象。有些公司的不同部门会在同一时间面试好几拨人，联系人也各自不同，甚至并不在人事部门。许多情况下应聘者只知道去哪个公司，并不知道由哪个部门接待。因此，不论以何种方式接到面试通知，都要问清联系人及电话，以备不时之需。

除了 3W 外，还要记下上一轮参加这家公司面试的时间、地点 . 招聘者姓名（如果知道的话），以及面试中谈论过的一些细节，一旦被问起可以很顺利地回答。

面试是一项与人打交道的工作，周到细致往往给人一种很会与人沟通的好印象。招聘单位要通过面试才能决定是否录取应聘者，说明所聘岗位不论是对内还是对外，都有许多需要与人沟通的场合，需要具备一定的沟通能力。

（1）熟悉简历，做到心中有数。一般来说，招聘者会在面试时就求职者的简历提问，如果对方对应聘者的某段经历感兴趣的话还会仔细询问。虽然这可以对简历进行适当的润色加工，但如果加工的部分不是应聘者的亲身经历，就常常会在招聘者的追问之下忘记某一项，或者难以自圆其说。在面试之前，应聘者必须确定自己对整份简历的每一项内容都了如指掌，尤其对一些重要经历的细节问题应该有所侧重。如果没有提前准备好的话，很可能招聘者一问你就容易紧张。毕业生一般会投递出很多简历，为了避免忘记和混淆，可准备一个小本子记录下已投递简历单位的情况，面试前再翻看求职记录本，有的放矢地做好应聘准备。

(2) 要“押题”，不要“套路”。需要指出的是，准备为的是更流利地表达，从而圆满地回答问题，而绝非精心设计、无中生有。有些毕业生面试前阅读了很多所谓的“面试秘籍”，面试时就按照上面设计的“套路”作答，这样不仅生硬，一旦被发现会给招聘者留下不好的印象。

(3) 其他注意事项。有时间的话，大声说出曾做过的工作中所学到的相关技能，以及自己是该职位最佳人选的理由。在准备面试时将要点记录在一张索引卡片上，如果准备带上能证明自己的业绩的资料，那么标出最引人注目的几项。

面试当天早上要留出相对宽裕的时间，吃一顿高蛋白、高碳水化合物的早餐，如谷类食物、水果、鸡蛋等，保证面试期间精力充沛、精神集中；温习索引卡片上所列要点；翻翻报纸既可以放松神经，又能找到面试时闲聊的话题。最好能够在面试前十分钟到达面试地点。在面试时迟到或是匆匆忙忙赶到都是致命的，而提前半小时以上到达亦会被视为没有时间观念。

(二) 求职面试的修饰与着装

1. 须发

无论是男士还是女士，最好不要从理发店直奔考场。如果衣领上沾着没有刷净的短发、头上散发出定型水的香味，这会很令人反感，不干净比不讲究还令人难以接受。

男士须发整洁更加重要，胡子拉碴会增添老态，所以在面试前要彻彻底底修一次面。修面时小心不要伤着皮肤、下巴或颈部的伤痕，这样不仅影响面容美观，而且会弄脏衬衫的衣领。还要记住，不要在会客室里掏出你的电动剃须刀，在公共场所整理个人卫生是不合礼仪规范的。对于男士的头发长度，有一个比较简单的整理标准：前不过眉，后不覆领，侧不掩耳。

对于女士来讲，发型的变化相对多一些。首先，需要考虑的是和自己的脸型、气质是否相符，毕竟发型是为了突出自己美丽的一面。其次，要看是否适合所应聘的职位，比如办公室行政人员就要求相对端庄一些，而广告文案策划人员就可以相对个性一点。最后，要考虑是否符合当时的潮流，毕竟过于老土的样式不会给人带来美的感受，但是整体上最好把握适度的原则，过于新潮的发式或者怪异的染发只适合 T 台或者美发比赛，可能只会引起招聘者的反感。

2. 手和指甲

手是人体中活动最多的部位之一，也常常是人们目光的焦点，因此需要把双手洗得干干净净，指甲修剪得整整齐齐。指甲一般与指尖等长，要刷净其中油污。职业女性一般不宜留长指甲，以免影响正常操作办公室设备。

3. 服装

国外职业咨询专家告诫人们，一般来说，谋求白领职位或更高职务时，衣着方面取保守态度总不会铸成大错。对男士来说，一套深蓝色或灰色的西服是商业界普遍的着装。习惯上，更正式的是三件套——西装、西装背心和西裤，两件套次之。衬衫应该是硬领的，领子要干净、挺括。衣领、袖口都洗毛的旧衬衫或还从没有下过水的新衬衫都不合适，前者太显寒酸，后者会暴露着意修饰的痕迹。因此衣柜里要常有几件八九成新的长袖衬衫，以白色为主，也可以是浅蓝色或浅灰色的，短袖衬衫在正式场合不宜。衬衫下摆要放入裤腰内，内衣、内裤等都不能露出。衣扣扣整齐。相比之下，女士的服装比较灵活，可供参考的法则是：虽然服装潮流应在首选之列，但还是要以内在素质取胜，先从严肃的服装入手。不管什么年龄，剪裁得体的西装套裙、色彩相宜的衬衫和半截裙都能使人显得稳重和自信。年轻就是资本，相对于社会应聘人员来说，应届毕业生最引以为傲的就是年龄。但是年轻并不意味着什么都可以，这里并不是说要大家装出老气横秋的样子，而是说不论穿着还是修饰，最好要符合大众审美标准。如果不是应聘演艺职位，最好不要将头发染成怪异的颜色，佩戴夸张的首饰或选择过于新潮、暴露的服装。还有，有的同学虽然不会打扮得过于前卫，但是还一味坚持穿着太过天真可爱的服装去面试，这会给招聘者留下没有经验、不可靠的印象。

4. 领带

领带必须干净、平整。别指望马马虎虎地将领带一刷、一拍、一系就可以增强你成功男士的魅力。一条价格适中、干净整齐，色彩和谐的领带，远远胜过历经沧桑的名牌货。领结要打得坚实、端正，不要松松散散。在配色方面，要记住“美就是和谐”，不要追求标新立异，以免弄巧成拙。

5. 鞋袜

皮鞋要上油、刷亮，擦去灰尘和污痕，鞋带要系牢。男士的袜子颜色一般不要比裤子淡。中高跟女士皮鞋使人步履坚定从容，带给你一份职业女性的气质，很适合在求职面试时穿。

相比之下，鞋跟过高会显得步态不稳，鞋跟过低则显得体态沉重。女士如果穿中高筒靴子，裙摆下沿应盖住靴口，以保持形体垂直线条的流畅。同样，裙摆应盖过长筒丝袜袜口。一般说来，全身的饰物不要超过3件，否则会使人觉得太沉重，珠光宝气会压倒你的职业气质。在这种情况下，不如省却那些繁杂的饰品，突出毕业生年轻有朝气的一面，以清新的形象示人。

6. 化妆

因办公室里不宜浓妆，化妆的主旨是宜淡雅不宜浓艳，尤其是眼线、眼影粉和睫毛膏的使用，应以在健康的氛围中强调天然美态为风格，切忌艳光四射地出现在招聘者面前。指甲油用肤色，容易搭配衣物及妆容，表现手指的一体感。

（三）面试礼仪知识

求职的人必须有心理准备，去会见的招聘者有可能是自己未来的顶头上司，甚至老板。因此，面试的每一个细节都很重要，这不仅能够决定你能否被录用，还会影响到上级或者老板对你的第一印象。下面就来详细地介绍一下一般企业面试的过程及其间应该注意的细节问题。

男士自然地穿上最整洁的服装，不必刻意打扮。女士参加面试时应穿得整洁、优雅，给人一个良好的初步印象，叮当作响的珠宝饰物、过浓的香水、未修过的指甲、蓬蓬松松的头发等，都足以抵消掉她的求职信所给予招聘者的良好印象。

到达面试地点，在休息室等候时，要放松心情，不要显得焦虑不安。当叫到自己名字时，应冷静并充满信心地走进去。假如一些小企业没有休息室，一般会安排在面试办公室的外面等待。假如被工作人员告知面试地点及时间，应当表示感谢。

在被通知进入面试办公室时，敲两下门是较为标准的，但要注意，敲门时千万不可敲得太用劲。见到接见人时应主动握手，并说“早安”或“午安”。当打开办公室门时应有礼貌地说声“打扰了”，进门后不要随手将门关上，应转过身去正对着门，用手轻轻将门合上，然后向室内招聘者表明自己是来面试的，绝不可贸然闯入。

虽说面试时应该表现得信心十足，但也要注意面试礼仪。IBM 中国研究院人力资源部负责人说起曾面试过的一个求职者：“从技能方面来说，这位求职者十分出色，但是他的求职态度却令人担忧。当时我端正地坐着，他却把椅子一斜，半躺着，脚一跷，还一直晃啊晃啊，这令我一下子全没了面试他的兴趣。想想将来他到我的团队里，一定是我们来伺候他，所以最后那位求职者被淘汰了，即使他的各项能力都不错。”

与招聘者交谈时，不一定要一直紧盯着对方，当然更不应该漫不经心地四处张望，在交谈时要显得自然，平常与别人怎么交谈，面试时就应该怎么交谈。可以与招聘者保持一定程度的目光交流，但是不要死盯着对方的眼睛，可以将目光放在对方的鼻梁部位，既显示出自己对对方话题感兴趣，又可以避免双方对视的尴尬。

如果不只有一个面试官在场，说话的时候一定要经常用目光扫视一下其他人，以示尊重和平等，而且在很多大公司的招聘活动中，主问的招聘者往往不是在场的最有权威的决策者，决策者往往不动声色地观察着应聘者的表现。因此，如果目光和注意力过多地分配给了主问的招聘者，反而会忽略和冷落了关键人物。应聘者在听对方说话时，要不时做出点头同意状，表示自己听明白了，或正在注意听；同时还要面带微笑，不宜笑得太僵硬，要发自内心。在面试中如果招聘者说话较多，说明他对你感兴趣，愿意向你介绍情况，热情交流。但许多学生误认为只有自己说话才有机会表现出自己的特长，往往会抢着说话，或打断对方的讲话，这些都是很不懂礼貌的表现，会使自己陷于被动。

面试完毕告辞时，应站起来向招聘者表示感谢。走出房间时先打开门，招聘者可能会送到办公室的门口，这时候应该转过身来向招聘者鞠躬并再次表示感谢，然后轻轻将门合上。

值得提醒的是，一个人的风度、涵养不是仅靠短时间内突击就可以形成的，在平时生活中就应该注意培养个人的修养，举手投足之间，风度、层次就会自然体现。总之在面试的过程中，既要轻松自然，显示出自己自信、成熟的一面，给招聘者留下良好的第一印象，又要小心谨慎，体现出自己应有的专业素养和水平，让招聘者认为你很适合这个职位，从而达到应聘成功的目的。

（四）面试技巧

应聘者需要掌握以下五个方面的技巧。

（1）谦逊有礼的态度。应聘者从进入面试现场到面试完毕都要礼貌待人，给招聘者留下良好印象。进入面试现场时，应聘者应主动向招聘者问好，但礼貌的表达要适度，过于拘谨，会显得紧张或不自信；过于夸张则会显得言不由衷，这都会影响招聘者对应聘者的看法。

（2）正确有效地倾听。优秀的谈话者都是优秀的倾听者，在面试中应聘者必须要做好倾听者的角色。因为在招聘者讲话时留心听是起码的礼貌，招聘者刚发问就抢着回答，或打断招聘者的话，都是无礼的表现，会令招聘者觉得你不尊重他。

（3）冷静客观地回答。面试的主要内容是“问”和“答”，在面试中，招聘者往往是千方百计“设卡”，以提高面试的难度，以此鉴别单位真正所需要的人才。在具体面试时，应聘者若遇到不熟悉或根本不懂的问题时，一定要保持镇定，不要不懂装懂，牵强附会，最明智的选择就是承认自己不懂，这样反而能得到招聘者的谅解。

（4）合理控制时间。通常每个问题的作答时间控制在 5 分钟以内，最好的时间分配是准备作答控制在 1 分钟以内，作答 3 分钟左右。当然，具体的时间分配还要根据每个题目的要求来定。例如，在考试中可能出现如下试题：“请做一段自我介绍，时间 1 分钟”“请以‘奋斗’为题做一个 5 分钟的演讲”“请介绍一下你自己，时间 3 分钟”等。

（5）增进交流，掌握语言技巧。面试实际上也是应聘者和招聘者面对面交流的机会，所以在回答招聘者的问题时，应聘者怎样将话说得体非常关键。

第十章　匠心拾遗

工匠精神的培养是软技能培养中极为核心的部分，匠心拾遗章节基于工匠精神的专、精、创核心思想，通过对中国传统非遗技艺的了解、感受、体验等方式对工匠精神进行培养。本章选取篆刻、拓印、掐丝珐琅、点翠等具有操作性的项目进行学习与实践，并通过重复实践进而养成习惯、形成能力、凝聚工匠精神。

一、国家级非物质文化遗产

建立非物质文化遗产代表性项目名录，是对保护对象予以确认，以便集中有限资源。具有历史、文学、艺术、科学价值，体现中华优秀传统的非物质文化遗产项目进行重点保护，是非物质文化遗产保护的重要基础性工作之一。联合国教科文组织《保护非物质文化遗产公约》（以下简称《公约》）要求“各缔约国应根据自己的国情”拟订非物质文化遗产清单。建立国家级非物质文化遗产名录，是我国履行《公约》缔约国义务的必要举措。《中华人民共和国非物质文化遗产法》明确规定：“国家对非物质文化遗产采取认定、记录、建档等措施予以保存，对体现中华优秀传统文化，具有历史、文学、艺术、科学价值的非物质文化遗产采取传承、传播等措施予以保护。”国务院建立国家级非物质文化遗产代表性项目名录，将体现中华优秀传统文化，具有重大历史、文学、艺术、科学价值的非物质文化遗产项目列入名录予以保护。

国务院先后于2006年、2008年、2011年、2014年和2021年公布了五批国家级项目名录（前三批名录名称为国家级非物质文化遗产名录，《中华人民共和国非物质文化遗产法》实施后，第四批名录名称改为“国家级非物质文化遗产代表性项目名录”），共计1557个国家级非物质文化遗产代表性项目名录（以下简称国家级名录），按照申报地区或单位进行逐一统计，共计3610个子项。为了对传承于不同区域或不同社区、群体持有的同一项非物质文化遗产项目进行确认和保护，从第二批国家级项目名录开始，设立了扩展项目名录。扩展项目与此前已列入国家级非物质文化遗产名录的同名项目共用一个项目编号，但项目特征、传承状况存在差异，保护单位也不同。

国家级名录将非物质文化遗产分为十大门类，其中五个门类的名称在2008年有所调整，并沿用至今。十大门类分别为民间文学、传统音乐、传统舞蹈、传统戏剧、曲艺、传统体育、游艺与杂技、传统美术、传统技艺、传统医药以及民俗。

二、篆刻

篆刻是一种传统的艺术形式，因古代印章多采用篆书入印而得名。篆刻是书法和镌刻（包括凿、铸）结合，来制作印章的艺术。就制作工艺而言，篆刻是指将在平面上设计好的纹样或文字镌刻在金属、石头、牙、角等材质上。

中国印章随着时代的推移和使用者的不同有不同的名称，秦以前印章称为鉨（同玺）。秦始皇统一中国后，规定皇帝用玺，一般人的印章称印。汉代皇帝、皇后、诸王等所用印章称玺，官印、私印又出现章、印章和印信等名称。唐代称宝，宋元以来官印和私印又有记、朱记、关防、押、图章、戳子等名称。篆刻起源于中国，后传播并流行于东亚地区。

印章的产生和使用，有着悠久的历史，但把印章作为一种艺术品来欣赏和创作，是宋元时代才开始的。宋元以前的印章称为实用印章时代；明清以来印章艺术流派繁衍，称为流派篆刻时代。

古代印章分为官印和私印两类，此外还有殉葬用印、辟邪印、烙马印、烙漆印、陶器用印等。形制有一面印、两面印、多面印、子母印、带钩印等。

制印的方法有翻砂和拔蜡等方法，用铜浇铸的称为铸印，用刀凿刻的称为凿印。金属印章多数先刻印模，随后浇铸；在古代，晶玉印章用手工琢成，现用金刚砂喷蚀，称为电刻；石、牙、角等印章则直接用刻刀镌刻。

钤盖在用绳捆扎文书的胶泥上，作为信验以防私拆称为封泥（又称泥封）。从现存资料考察，印章用朱色印泥钤盖在纸上，约始于六朝。

印章镌刻成凸状的印文，称为阳文或朱文；镌刻成凹状的印文，称为阴文或白文。印背高起有孔可以穿戴的地方称为钮，钮有各种形状，如螭、凤、龟、虎、橐驼、坛、台、瓦等，并起装饰作用；穿纽的丝织物称为印绶，古代印绶以颜色来区别等级。

在古代，印章的材料多为铜质，也有用金、银、铁、铅、玉、水晶、陶泥。

官印的材料都有一定制度，不得僭越。明清篆刻家印材多为叶蜡石，其中著名的有青田石中的各种冻石，寿山石中的田黄、田白，以及昌化石中的鸡血石等。

款识是篆刻艺术的附属部分。刻在印侧的称为边款或旁款，刻在印章顶端的文字称为顶款。秦汉和秦汉以前印章，未发现铸刻有款识文字。隋代官印，有在印背加刻铸造年月日的，世称背款，应是最早的印款。篆刻家在印侧面刻款识文字，始于明代。印款除刻作者姓名和镌刻时间外，还有题识其他词句，很像中国画的题跋。款式的书体有楷、草、隶、篆、行书等，此外还有刻图像的。文字有阳文、阴文，初期刻法用双刀，以后大多单刀直下，风格各不相同。印款本身也是艺术品，它和印面篆刻可交相争辉，达到相得益彰的艺术趣味。

（一）篆刻简史

印章起源于阶级社会，开始作为一种凭证的信物，以后印章又成为权益的证物。春秋战国时期，印章的用途逐渐广泛，有器物记名用印、金币用印、标准器量器用印等。秦汉是印章的繁盛时期，汉代官印已形成一整套的制度，印章的形制也更为多样。印文多采用缪篆，魏晋南北朝基本上依循秦汉印章的传统。唐代官印体积增大，印文采用小篆，镌刻多为朱文。

宋元私印范围开始扩大，收藏印、斋馆印、词句印兴起。印章无论在形制、用材、印文的镌刻、章法布局皆有显著变化。特别是文人、书法家、画家参加刻印，镌刻由工匠扩大到文人，这样印章进入篆刻艺术时代。自元代赵孟頫大力提倡篆刻后，元末王冕以花乳石刻印，因镌刻方便，使篆刻家有施展才能的天地。文人倡导自篆自刻且与书画结合，流行更广。明代文彭力纠宋元印章的流弊，复兴汉印优秀传统，于是篆刻艺术境界顿开。继文彭而起的有何震、汪关等对篆刻艺术作出贡献。清初，程邃、巴慰祖、胡唐、汪肇龙等人的创作开创了皖派，大盛于印坛。当皖派盛行时，丁敬开创浙派以取代皖派，浙派名家有蒋仁、黄易、奚冈、陈豫钟、陈鸿寿、赵之琛、钱松和丁敬，他们被称为西泠八家。继而邓石如又承继皖派异军突起，使篆刻艺术再开新局面。清代后期吴熙载、赵之谦、黄士陵、吴昌硕等篆刻家崛起，独树一帜，争奇斗艳，将篆刻艺术推向新高峰。

（二）篆刻三法

篆刻三法为篆刻术语，指篆法、章法、刀法。

1. 篆法

篆法即对篆体书的认识，实为印章文字的书法。古代印章，古玺用大篆、汉印用缪篆（一种笔画屈曲缠绕的篆书），也有用鸟虫书。宋元以后多用小篆，还有一种将篆书笔画折叠均匀，填满印面，称为九叠篆。近代亦有用隶书、草书、楷书入印的。镌刻印章，必须识别字体，尤其是篆书，要了解字体的源流、文字的结构规律，才能将文字正确地组合在印面中，不致在文字上造成错误。

2. 章法

章法即针对不同形状、大小的印面，结合不同的印文，组织整体的布局。印章文字的安排和布局，即所谓分朱布白。印章在很小的范围，以不多的文字表现其艺术魅力，因此要求文字富有变化，其布局要丰富多彩而有艺术性。印章的布局大致分虚实疏密、欹侧均衡等艺术规律，其运用者往往以增减、屈伸、挪让、呼应等方法来处理。清代篆刻家将虚实疏密关系总结为疏可走马、密不通风、计白当黑等布局规则，即借虚以见实，以虚衬实，虚实相生，以期达到意境深邃、回味无穷的效果。欹侧均衡是在参差欹侧的变化中，求匀称的效果，欹侧与均衡是相反相成的，即所谓欹正相生。要达到这样的效果，布局时必须注意轻重、起伏、呼应、离合的关系，于参差不齐中求得统一和谐。章法除利用文字的安排外，还可利用笔画的粗细肥瘦、边框栏格的安排以及击边的方法使其有残缺趣味，来处理布局的变化。

3. 刀法

刀法，即镌刻印章时用刀的技法，前人有用刀十三法之说，实际操作中以切刀和冲刀两法为主，切刀所刻作品线条效果凝练，冲刀所刻出的线条效果流利。明清著名篆刻家无不重视刀法，明代朱简《印章要论》记载：“吾所谓刀法者，如笔之有起伏，有转折，有缓急，各完笔意，不得孟浪。”古人镌刻印章用刀如用笔，以刀代笔，所以刻印刀又称铁笔。论印的著作将刀法分为单刀、复刀、反刀、飞刀、涩刀、舞刀、切刀、留刀、埋刀、补刀等，也有将它分为正入正刀、单入正刀、双入正刀、冲刀、涩刀、足刀、留刀、复刀、轻刀、埋刀、切刀、舞刀、平刀等。近代篆刻家邓散木认为上列诸刀法，有的成理，有的不成理，如果实际运用，则须因时制宜，不能一概而论。所以刀法因人而异，由于派别不同，在用刀上也有差异。清代皖派篆刻家善用冲刀，线条挺健，刀笔相融，流畅自然，线条风格流动奔放。浙派篆刻家喜用切刀，刀痕顿挫起伏，沉着痛快，线条风格生拙古朴。刀法的讲究，是印章迈进篆刻艺术时代的一大特点。

三、拓印

拓印是对雕刻的或石刻的表面的手工复制品，其方法是将一张纸紧紧覆盖在作品上，用黑色或彩色材料拓印。传统的拓印材料是宣纸和一种称为拓印蜡的块状黑色材料。有时，特别是在拓印细弱的线条时，更宜用另一种方法，即用一种粉状石墨加油达到一定的干硬度，再用敷墨具施于纸上。拓印被广泛用于复制各种文化时代的多种浮雕；复制石刻图案，特别是古代中国和其他亚洲文化的石刻；复制中世纪教堂里的纪念性黄铜雕刻品；复制美国建国以前的墓碑；甚至在日本被用来摹印鱼。艺术家也将拓印技术视为创作的过程，他们为拓本上色，并添上或改动原来的线条。

所谓拓印，就是把一张坚韧的薄纸事先浸湿，再敷在石碑上面，用刷子轻轻敲打，使纸入字口，待纸张干燥后用刷子蘸墨，轻轻地、均匀地拍刷，使墨均匀地涂布纸上，然后把纸揭下来，一张黑底白字的拓片就复制完成了，这种复制文字的方法，称为“拓印”。它是将石刻或木刻文字，用纸、墨拍印出来，以便保存和传播的工艺方法。

（一）拓印来源

拓印在中国有着悠久的历史，远在公元前 2000 年重要大事记载便已被镌刻于骨板或青铜，亦有刻于砖瓦陶瓷木料玉石以保存文字及图像者，唯用于长篇碑文最多之质材当推石料。在若干为保存权威性著述而实行之大型计划中，以自公元 605 年起至 1096 年完成，将 400 余万言佛经镌刻于 7137 件石牌或石碑一事最具规模。在此之前，自公元 175 年至 183 年，儒家七经二十余万言已被刻于 46 面石碑之正反两面，以此为东汉学子学人和学官建立并保存了斯等著述之标准模板。嗣后六朝亦各有镌刻儒家经典之举，而以 18 世纪末之清朝总其大成。殿堂庙宇所在处之峭壁岩面，也被用来镌刻巨型宗教语句。

关于拓印术的起源，历史上没有记载，迄今为止说法不一，难以定论。大多数人认为，拓印术始于东汉熹平年间。但有一点是可以确定，拓印术的出现肯定是在纸张发明之后才出现的，并且拓印方法起源甚古，且比雕版印刷早出现。

在隋代，文字的拓印技术已经很发达，这也说明了在这之前，拓印术就出现了。

到了唐代，拓印术就更发达了，不仅有民间进行拓印的作坊，而且政府也专门成立了拓印的机构。

有关拓印方法的变化，主要存在两个方面的变化。一个变化是文字正体与反体方面的变化，最早的石刻上的文字是正写的凹下的文字，后来发展的石刻是反写凹下去的文字；另一个变化是石刻上下的拓印转向木刻上的拓印。

（二）拓印雕版印刷

拓印与雕版印刷相比，有很多的相似之处，它们都需要原版、纸、墨等条件，其目的也是大批量复制文字和图像。

就印刷复制术而论，它的出现为印刷术的发明提供了在纸上刷印的复制方法，已经具备了印刷术定义中的基本要素，是有一套完整的、有刷有印的工艺技术，把它视作雕版印刷的雏形是比较适宜的。

然而，碑刻文字是凹下的阴文，而雕版印刷的印版是凸起的阳文，复制下来的拓印品和雕版印刷品，前者为黑底白字，后者则为白底黑字。而且，拓印品的幅面往往比雕版印刷品的幅面大，在速度上也远不如雕版印刷，因此它还不能看成一种印刷方法，只能看成是雕版印刷的雏形。

（三）制作拓本

制作拓本系先将湿纸覆于铭文表面，以兔毫毛笔将其压入每一凹陷之刻痕；另一做法为以干纸覆盖，于压入前涂以米制或面制浆糊。待纸将干时，以蘸有墨汁的垫子覆压其上，然后将纸由石碑揭下。由于黑色墨汁未曾接触到压入凹痕部分，制成的拓本遂成黑底白字。若碑文刻成凸版而非凹版，则黑白位置互换。此种拓本制作技术即使不早于中国印刷术之发明，显亦与之同时。许多学者主张，木版印刷应系演变自刻印取模技术；用于印刷，乃先于木板上刻出反方向之凸起形象，继于凸起部涂墨，再以纸覆盖，实即拓本制法之逆向操作。

（四）拓印意义

从事木刻的人，起初显然没有理会到其中的重要意义。他们认为这只不过是沿袭石刻方法，以木代石而已。后来在长期的实践中，他们逐渐认识到以木代石的实际意义，并将印章和拓印的方法结合起来，即将碑刻阴文正写的字，仿照印章的样子，刻成阳文反写的字，在版上刷墨，再将墨转印到纸上。或者说，扩大阳文印章的面积，于版上刷墨、覆纸，仿照类似于拓印的方法进行刷印。这样，一种完善了的印刷术——雕版印刷，也就自然诞生了。拓印术的出现，为印刷术的发明提供了在纸上刷印的复制方法。仔细分析，拓印术已经具备了印刷术定义中的基本要素，是有一套完整的、有刷有印的工艺技术，可以说，拓印术本身就是朦胧之中的印刷术。

四、掐丝珐琅

景泰蓝是中国著名的特种金属工艺品类之一。到明代景泰年间，这种工艺技术制作达到了最巅峰，制作出的工艺品最为精美而著名，故后人称这种金属器为景泰蓝。景泰蓝正名铜胎掐丝珐琅，俗名珐蓝，又称嵌珐琅，是一种在铜质的胎型上，用柔软的扁铜丝，掐成各种花纹焊上，然后把珐琅质的色釉填充在花纹内烧制而成的器物。因其在明代景泰年间盛行，制作技艺比较成熟，使用的珐琅釉多以蓝色为主，故而得名景泰蓝。

2017 年 12 月 1 日，《公共服务领域英文译写规范》正式实施，规定景泰蓝标准英文名为 Cloisonne。

（一）景泰蓝的总体概况

1. 元代发展

中国元代后期已出现掐丝制品，且故宫博物院收藏的兽耳三环樽、勾莲鼎式炉、缠枝莲象耳炉等，应是我国元代晚期作品。在《宋史·外国列传》中记载，“大食国”本波斯之别称。“大食”是宋、元时期中国对西亚阿拉伯地区的称谓。有关专家根据史料分析，铜胎掐丝珐琅大约于 13 世纪末，由阿拉伯国家传入中国。传入之初，被称作大食窑器、鬼国窑器和佛郎嵌。此时，阿拉伯地区流行华丽的金属胎珐琅制品。在这种情形下，烧造大食窑器的阿拉伯工匠带着烧造技术和主要原料来到中国。

2. 明代发展

景泰蓝见于实物，以明宣德年间（1426—1435 年）为最多。这个时期，工艺的风格特点已经形成，接近成熟时期。品种有瓶、盘、碗、炉、圆盒、香熏等，后来出现了鼎之类的欣赏品。制作胎型的物质材料有金、铜两种，纹样多为蕉叶、饕餮，狮戏球、西番莲和大明莲，釉色多为天蓝（淡蓝）、宝石蓝（青金石色）、浅绿（草绿）、深绿（菜玉绿）、红色（鸡血石色）、白色（车渠色）和黄色。故宫所藏宣德年间的番莲大碗，花形饱满、色调鲜艳、釉质坚实，是这一时期的代表作品。

3. 清代发展

清代是掐丝珐琅工艺发展的又一时期。由于社会的安定与经济的繁荣，皇宫养心殿设立御用工厂，称为造办处。康熙三十年（1691 年），造办处的御用工匠多至几百人。康熙三十二年（1693 年），设作来制造各种御用器物，珐琅作也是其中之一。但这个时期的制作水平较之明朝无大发展。到了乾隆时期（1736—1795 年），景泰蓝与雕漆、金漆镶嵌等行业，得到了空前的发展。乾隆四年，从广州招来珐琅艺人梁绍文，邀扬州艺人王世雄进宫制作珐琅器。这一时期，景泰蓝制品在皇宫内处处可见，小到床上使用的帐钩，大到屏风，甚至高与楼齐的佛塔（故宫珍宝馆乾隆花园内，承德外八庙小布拉宫内的大殿都有陈设），以及日用品，桌椅、床榻、酒具、砚、匣、笔架、建筑装饰、宗教用品等，无所不备。

4. 新中国成立后

中华人民共和国成立后，景泰蓝艺人的文化水平和艺术修养有了很大的提高，尤其是 20 世纪 60 年代以后，专业技术人员的不断充实，有效地提高了从业队伍的综合素质。景泰蓝行业认真继承和吸收了传统景泰蓝造型稳重丰富、图案饱满、色彩鲜明、丝工精细的长处，恢复了炉、鼎、壶、立体兽、蜡台，以及过去认为最美而又最难做的六瓣瓶、梅瓶、海棠瓶等传统产品的生产。这一新的尝试获得了很好的效果，既保持了原物的古雅之风，又丰富了景泰蓝的品种。1959 年，为庆祝中华人民共和国成立十周年，设计人员与艺人为人民大会堂创作了新颖的《金鱼荷花大鱼缸》，造型浑厚质朴，纹样生动活泼，富有情趣。在 20 世纪 70 年代，设计制作了历史上少有的大型《狮子炉》《亭子炉》《狮子滚绣球大盘》《孔雀壶》等产品。

（二）掐丝珐琅制作步骤

（1）设计纸稿。设计胎图、丝工图纸、蓝图（点蓝的色稿），首先由设计师设计胎图、丝工图纸、蓝图（点蓝的色稿），转成拷贝纸稿以备下一道工序应用。

（2）胎型制作。先将紫铜片按照图纸要求剪出各种不同形状，并用铁锤敲打成各种形状的铜胎，然后将其各部位衔接上好焊药，经高温焊接后便成为器皿铜胎造型。

（3）掐丝过程。用镊子将压扁了的细紫铜丝掐、掰成各种精美的图案花纹，再蘸上白芨黏附在铜胎上，然后筛上银焊药粉，经 900℃的高温焙烧，将铜丝花纹牢牢地焊接在铜胎上。

（4）点蓝过程。经过掐丝工序后的胎体，再经烧焊、酸洗、平活、正丝等工序后，方可进入点蓝工序。点蓝工艺师把事先备好的珐琅釉料，依照图案所标示的颜色，用由铜丝锤制成的小铲形工具，一铲铲地将珐琅釉料填充入焊好的铜丝纹饰框架中。

（5）烧蓝过程。烧蓝过程是将整个胎体填满色釉后，再拿到炉温大约 800℃的高炉中用一些矿物石头粉作燃料烘烧，色釉由砂粒状固体熔化为液体，待冷却后成为固着在胎体上的绚丽的色釉，此时色釉低于铜丝高度，所以得再填一次色釉，再经烧结，一般要连续四五次，直至将纹样内填到与掐丝纹相平。

（6）磨光过程。磨光过程是用粗砂石、黄石、木炭分三次将凹凸不平的蓝釉磨平，凡不平之处都需经补釉烧熔后反复打磨，最后用木炭、刮刀将没有蓝釉的铜线、底线、口线刮平磨亮。

（7）镀金过程。镀金过程是将磨平、磨亮的景泰蓝经酸洗、去污、沙亮后，放入镀金液槽中，然后通上电流，几分钟后黄金液便牢牢附着在景泰蓝金属部位上了。再经水洗冲净干燥处理后，一件斑斓夺目的景泰蓝便脱颖而出了。镀好金的景泰蓝再配上一座雕刻得玲珑剔透的硬木底托，更显出景泰蓝雍容华贵、端庄秀美的姿色。

随着景泰蓝的不断发展和市场的需要，一些异形产品、实用产品、旅游纪念品，以及高、大、精、尖、高品位的景泰蓝大量生产，新品种、新花色、新工艺不断涌现，玉雕、木雕、漆艺以及花丝镶嵌等工艺结合，由于多种工艺巧妙结合，各种材料互相衬托，再加上通体又镶嵌了大量的宝石，更使作品新颖奇特、玲珑剔透，通体散发出珠光宝气。

五、点翠

点翠工艺是一项中国传统的金银首饰制作工艺（汉代已有），它是首饰制作中的一个辅助工种，起着点缀美化金银首饰的作用。用点翠工艺制作出的首饰，光泽感好，色彩艳丽，只要在使用过程注意保护，光泽和色彩可以保存很长时间。

点翠工艺的发展在清代康熙、雍正、乾隆时期达到了顶峰，晚清到民国仍然流行后因全面抗战爆发才逐渐淡出人们的视野。其高超的技艺水平和不朽的艺术价值依托于人们对漂亮美好事物的追求。

现可用鹅毛、丝带等多种材质替代翠鸟羽毛制作点翠首饰，工艺得以传承。

（一）点翠概述

翠，即翠羽，翠鸟之羽。点翠是中国传统的金属工艺和羽毛工艺的结合，先用金或镏金的金属做成不同图案的底座，再把翠鸟背部亮丽的蓝色羽毛仔细地镶嵌在座上，以制成各种首饰器物。

关于翠羽的获取，详细描述在《珠翠光华》一书中发饰篇中写道："用小剪子剪下活翠鸟脖子周围的羽毛，轻轻地用镊子把羽毛排列在图上粘料的底托上。翠鸟羽毛以翠蓝色雪青色为上品，颜色鲜亮，永不褪色。"

取用翠羽虽然并不需要杀鸟取羽，但仍然过于残忍，对翠鸟造成无法消除的伤害，被取过羽的翠鸟往往很快死亡。

翠羽根据部位和工艺的不同，可以呈现出蕉月、湖色、深藏青等不同色彩，加之鸟羽的自然纹理和幻彩光，使整件作品富于变化，生动活泼。后来，也由于保护鸟类及制作工艺的残忍而在清末民初被烧蓝工艺取代。

清代点翠，一般都是宫廷富豪之物，到了清末民初，点翠便在民间流行，妇女无不以拥有点翠为荣。外国在华的商人，对这点翠工艺非常感兴趣，大量地收购，广东华洋交杂之地，更是点翠的转口站，不少点翠工厂林立广东一带，由于保护鸟类及制作工艺的残忍而在清末民初被烧蓝工艺取代。1933 年，中国最后的一家点翠工场终于关闭，原因是点翠羽毛已经绝市。

（二）点翠分类

点翠工艺分为软翠和硬翠，是根据点翠工艺所使用的翠鸟羽毛而划分的。

1. 硬翠

点翠采用的翠鸟羽是比较大的羽毛，称为硬翠。翠鸟左右翅膀上各十根（行话称“大条”）、尾部羽毛八根（行话称“尾条”），所以一只翠鸟身上一般只采用大约二十八根羽毛。

2. 软翠

软翠是点翠工艺使用的是翠鸟比较细小的羽毛制作出来的点翠首饰，称为软翠。

（三）制作工艺

点翠的制作工艺极为繁杂，制作时先将金、银片按花形制作成一个底托，再用金丝沿着图案花形的边缘焊个槽，在中间部分涂上适量的胶水，将翠鸟的羽毛巧妙地粘贴在金银制成的金属底托上，形成吉祥精美的图案。这些图案上一般还会镶嵌珍珠、翡翠、红珊瑚、玛瑙等宝玉石，越发显得典雅而高贵。

用点翠工艺制作出的首饰，光泽感好，色彩艳丽，但翠鸟羽毛属于有机物，100 年左右便会褪色。

点翠的羽毛以翠蓝色和雪青色的翠鸟羽毛为上品。由于翠鸟的羽毛光泽感好，色彩艳丽，再配上金边，做成的首饰佩戴起来可以产生更加富丽堂皇的装饰效果。

由于翠鸟已是国家保护动物，生产的点翠首饰，均采用代用品，如染色鹅毛、同色丝带等，成品比翠鸟羽毛制作的首饰更有光泽，容易保存，装饰效果更好。点翠工艺从未失传，现代的手艺人传承古法，用不同的素材制作出了更为精致的点翠首饰。

第十一章　创客展梦

创客展梦是让学生了解创客，感受创新精神，带领学生在一个轻松愉悦的创客环境，发挥无限的创意、创新、创作。创客展梦以3D打印项目为载体，将学生的设计转化成实物，从而培养学生主动意识、创新意识。

一、创客

创指创造，客指从事某种活动的人，创客本指勇于创新，努力将自己的创意变为现实的人。创客译自英文单词maker，源于美国麻省理工学院微观装配实验室的实验课题，此课题以创新为理念，以客户为中心，以个人设计、个人制造为核心内容，参与实验课题的学生即创客。创客特指具有创新理念、自主创业的人。

在中国，创客与“大众创业，万众创新”联系在了一起，特指具有创新理念、自主创业的人。

（一）创客的定义

创客一词来源于英文单词maker，是指出于兴趣与爱好，努力把各种创意转变为现实的人。创客以用户创新为核心理念，是“创新2.0”模式在设计制造领域的典型表现。创客们作为热衷于创意、设计、制造的个人设计制造群体，最有意愿、活力、热情和能力在“创新2.0”时代为自己，同时也为全体人类去创建一种更美好的生活。

创客运动最重要的标志是掌握了自生产工具，他们是一群新人类。坚守创新、持续实践、乐于分享且追求美好生活的人。简单地说，就是玩创新的一群人。

创客以用户创新为核心理念，是面向知识社会的“创新2.0”模式在设计与制造领域的典型体现。创客运动最重要的标志是掌握了自生产工具，他们是一群新人类。

在中文里，创的含义是：开始做、创造、首创、开创、创立，它体现了一种积极向上的生活态度，同时有一种通过行动和实践去发现问题和需求，并努力找到解决方案的含义在里面。客则有客观、客人、做客的意思，客观体现的是一种理性思维，客人、做客则体现了人与人之间的一种良性互动关系，有一种开放与包容的精神在里面，而开放与包容体现在行动上就是乐于分享。

没有分享就没有人类社会的整体进步，作为人类社会的一份子，分享和传播知识是每个人应尽的义务，将分享作为乐趣则是一种良好的品格和习惯，但分享绝不意味着不尊重别人的劳动成果，或鼓励抄袭和盗版。恰恰相反，分享必须建立在尊重首创精神的坚实基础上，否则创新会变成建立在流沙上的建筑。创客鼓励创新各种分享盈利模式，在分享的同时，保护首创者的利益和积极性。

（1）玩是一种状态：放松、惬意、自由。

（2）玩是一种实践：不但要动手，还要动脑。

（3）玩是一种分享：与他人一起玩，才更有趣，更有意义。

（4）玩是一种境界：当越来越多的人加入创客一起玩时，世界将因“玩”而改变。

创客的标准定义其实是未经最终确认的，有着多元化的理解，目前所说的中国创客也是不仅包含了“硬件再发明”的科技达人，还包括了软件开发者、艺术家、设计师等诸多领域的优秀代表。

2015 年 3 月 5 日，李克强总理在《政府工作报告》中指出，把“大众创业，万众创新”打造成推动中国经济前行的双引擎之一。创客于是与“大众创业，万众创新”联系在了一起，特指具有创新理念、自主创业的人。

（二）创客的理念

技术的进步、社会的发展，推动了科技创新模式的嬗变。传统的以技术发展为导向、科研人员为主体、实验室为载体的科技创新活动正转向以用户为中心、以社会实践为舞台、以共同创新、开放创新为特点的用户参与的“创新 2.0”模式。而 FabLab 及其触发的以创客为代表的“创新 2.0”模式，正是基于对从个人通信到个人计算，再到个人制造的社会技术发展脉络，试图构建以用户为中心的，面向应用的融合从设计、制造，到调试、分析及文档管理各个环节的用户创新制造环境。

通常，很多的思想才会转化为一句语言，很多的语言才会变成一次行动，持续不断的行动会变为习惯，许多人长久的习惯成就了文化，而对一种文化思想长久地坚守与实践最终成为信仰。如此看来，创客与其说是一种称呼，不如说是一种信仰，科技发展不仅可以改变个人通信，也将改变个人设计、个人制造。

（三）创客的分类

创客（ideask）的共同特质是创新、实践与分享，但这并不意味着他们都是一个模子里铸出来的人。相反的是，他们有着丰富多彩的兴趣爱好，以及各不相同的特长，一旦他们聚到一起，相互协调，发挥自己特长时，就会爆发巨大的创新活力。

（1）创意者。他们是创客中的精灵，他们善于发现问题，并找到改进的办法，将其整理归纳为创意和点子，从而不断创造出新的需求。

（2）设计者。他们是创客中的魔法师，他们可以将一切创意和点子转化为详细可执行的图纸或计划。

（3）实施者。他们是创客中的剑客，没有他们强有力的行动，一切只是虚幻泡影，而他们高超的剑术，往往一击必中，达成目标。

（四）创客的现状

创客是一群喜欢或者享受创新的人，追求自身创意的实现，至于是否实现商业价值、对他人是否有帮助等，不是他们的主要目的。而创客空间就是为这些创客们提供实现创意和交流创意思路及产品的线下和线上相结合、创新和交友相结合的社区平台。

创客最早起源于麻省理工学院（MIT）比特和原子研究中心（CBA）发起的 Fab Lab（个人制造实验室）。Fab Lab 基于对从个人通信到个人计算，再到个人制造的社会技术发展脉络，试图构建以用户为中心的，面向应用的融合从创意、设计、制造、调试、分析及文档管理各个环节为用户创新制造环境。发明创造将不只发生在拥有昂贵实验设备的大学或研究机构，也将不仅仅属于少数专业科研人员，而有机会在任何地方由任何人完成，这就是 Fab Lab 的核心理念。Fab Lab 网络的广泛发展带动了个人设计、个人制造的浪潮，创客空间应运而生。

国内创客空间属于初创阶段，创意来源也主要来自国外的开源网站，还没有形成有显著特色的、可持续发展的模式。除了个别创客空间属于综合性平台之外，今后创客空间的专业化趋势在所难免。创客空间本身的商业模式和运行模式也是值得探讨和摸索的。

二、3D 打印

3D 打印是快速成型技术的一种，又称增材制造，它是一种以数字模型文件为基础，运用粉末状金属或塑料等可黏合材料，通过逐层打印的方式来构造物体的技术。

3D 打印通常是采用数字技术材料打印机来实现的。其常在模具制造、工业设计等领域被用于制造模型，后逐渐用于一些产品的直接制造，已经有使用这种技术打印而成的零部件。该技术在珠宝、鞋类、工业设计、建筑、工程和施工（AEC）、汽车，航空航天、牙科和医疗产业、教育、地理信息系统、土木工程、枪支及其他领域都有所应用。

2019 年 1 月 14 日，美国加州大学圣迭戈分校首次利用快速 3D 打印技术，制造出模仿中枢神经系统结构的脊髓支架，成功帮助大鼠恢复了运动功能。

2020 年 5 月 5 日，中国首飞成功的长征五号 B 运载火箭上，搭载着 3D 打印机。这是中国首次太空 3D 打印实验，也是国际上第一次在太空中开展连续纤维增强复合材料的 3D 打印实验。

（一）3D 打印的历史发展

3D 打印技术出现在 20 世纪 90 年代中期，实际上是利用光固化和纸层叠等技术的最新快速成型装置。它与普通打印工作原理基本相同，打印机内装有液体或粉末等打印材料，与电脑连接后，通过电脑控制把打印材料一层层叠加起来，最终把计算机上的蓝图变成实物。这打印技术称为 3D 立体打印技术。

（二）3D 打印的原理技术

日常生活中使用的普通打印机可以打印电脑设计的平面物品，而所谓的 3D 打印机与普通打印机工作原理基本相同，只是打印材料有些不同，普通打印机的打印材料是墨水和纸张，而 3D 打印机内装有金属、陶瓷、塑料、砂等不同的打印材料，是实实在在的原材料，打印机与电脑连接后，通过电脑控制可以把打印材料一层层叠加起来，最终把计算机上的蓝图变成实物。通俗地说，3D 打印机是可以打印出真实的3D物体的一种设备，比如打印一个机器人、打印玩具车，打印各种模型，甚至是食物等。之所以通俗地称其为打印机，是参照了普通打印机的技术原理，因为分层加工的过程与喷墨打印十分相似。这项打印技术称为3D立体打印技术。

3D打印存在着许多不同的技术，它们的不同之处在于以可用的材料的方式，并以不同层构建创建部件。3D打印常用材料有尼龙玻纤、耐用性尼龙材料、石膏材料、铝材料、钛合金、不锈钢、镀银、镀金、橡胶类材料。

（三）3D打印的工作流程

1. 3D打印工作流程概述

3D打印工作过程可分为前处理、成形过程和后处理三个阶段。其中，前处理是获得良好成型产品的关键。

在打印前准备打印文件，主要包括三维CAD数字模型的建立、数字模型的近似处理和分层切片处理。其中三维数字模型是3D打印的基本数据，可通过正向和逆向建模获得。数字模型的近似处理是将三维CAD模型转化为通用STL格式文件，从而使得3D打印和建模相对独立。分层切片处理是将STL模型转化为一系列相互平行的二维截形的图形，以便生成控制3D打印机动作的指令集合。

3D打印的成形过程是3D打印的关键环节，包括工件二维截形片层的制作与叠加，用3D打印机逐层沉积成型材料来实现。针对工件的几何特征、材质、用途和性能要求，选择最合适的打印机类型和最佳的工艺路线。

后处理是3D打印机成形工件的修整工序，不同的打印工艺其后处理过程有所不同。

2. 前处理

（1）三维CAD模型的建立。建立三维CAD数字模型的方法有利用三维CAD软件正向建模和利用三维扫描等方法进行逆向建模两种。

现在通用的商业化三维CAD软件（如CATIA、UG、Pro/Engineering和SolidWorks等）都有STL文件的输出数据接口，关于这些软件的操作请参照相关软件教程。另外，现在很多企业针对一些初级3D打印用户的需求，设计了一些操作相对简便的软件，如Autodesk123D、Sketchup和3DOne等，有一些3D打印机厂商也在打印软件中集成了简单的建模功能以便用户使用。

逆向建模是针对已有的实物，利用三维数字化测量仪器，准确、快速地取得轮廓坐标，经过曲面建构、编辑和修改后生成三维 CAD 数字模型。主流的逆向建模软件有美国 3D Systems 公司的 Geomagic Wrap、Geomagic Designx 和 SIEMENSPLM 的 Imageware 等。

（2）数字模型的近似处理。由于工件的 CAD 模型上往往有一些不规则的自由曲面，成形前必须对模型进行近似处理，并使其成为 3D 打印机能接收和操作的格式。3D 打印机通用的近似处理方法是 STL 格式化处理，即用一系列的小三角形平面来逼近自由曲面。三角形的大小是可以选择的，从而能得到不同的曲面近似精度。经过上述近似处理的 3D 模型文件称为 STL 格式模型，它由一系列相连的空间三角形组成，STL 格式模型遵循一些基本规则。

（3）分层切片处理。分层切片是指将工件的 STL 格式的 3D 模型转化为一系列 2D 截面图形，并根据这些图形生成 3D 打印机的控制指令。

3. 成形过程

完成前处理后，开启打印设备，启动控制软件，读入前处理阶段生成的层片数据文件，进行打印成形过程。

4. 后处理

打印结束后，取出模型，进行后处理过程。不同的打印工艺后处理过程有所不同。FDM 打印工艺后处理较为简单，主要就是去除支撑和打磨。SLA 打印工艺的后处理包括原型的清理、去除支撑、后固化及必要的打磨等。

参考文献

[1] 蒋乃平．高等职业院校学生职业指导［M］. 北京：中国劳动社会保障出版社，2005.

[2] 徐飚．职业素养基础教程［M］. 北京：电子工业出版社，2009.

[3] 经理人培训项目编写组．培训游戏全案：拓展（钻石版）［M］. 北京：机械工业出版社，2014.

[4] 赵北平，雷五明．大学生生涯规划与职业发展［M］. 武汉：武汉大学出版社，2006.

[5] 国家职业分类大典修订工作委员会．中华人民共和国职业分类大典［M］. 北京：中国劳动社会保障出版社，中国人事出版社，2015.

[6] 布瑞斯·巴勃．没有任何借口［M］. 刘阿钢，史茨，译．北京：中国社会科学出版社，2004.

[7] 刘佳辉．低调做人高调做事［M］. 北京：中国长安出版社，2008.

[8] 林少波．你有多少问题要请示［M］. 北京：石油工业出版社，2010.

[9] 韩荣华．新学习革命［M］. 上海：上海三联书店，2008.

[10] 邱庆剑．忠诚胜于能力［M］. 北京：机械工业出版社，2005.

[11] 阿尔伯特·哈伯德．把信送给加西亚［M］. 路军，译．北京：企业管理出版社，2002.

[12] 宿春礼，周韶梅．责任胜于能力［M］. 北京：石油工业出版社，2006.

[13] 祝九堂．职业长青：优秀员工的 7 个职业习惯训练［M］. 西安：陕西师范大学出版社，2005.

[14] 汪中求，细节决定成败［M］. 北京：新华出版社，2007.

[15] 吴甘霖，空杯心态［M］. 北京：中国城市出版社，2008.

[16] 邹建伟．成就职业人生的好习惯［M］. 合肥：中国科学技术大学出版社，2007.

[17] 李泽尧．执行力［M］. 广州：广东经济出版社，2008.

[18] 余世维．有效沟通Ⅱ［M］. 北京：北京大学出版社，2009.

[19] 纲目．现代管理“五常法则”［M］. 北京：中信出版社，2002.

[20] 姚皓然．每天学点人际关系学：影响你一生的人际关系学全书［M］. 北京：九州出版社，2009.

[21] 李三支．职业意识训练——认知职场［M］. 北京：北京大学出版社，2003.

[22] 杨雯，杨玉柱．华为时间管理法［M］. 北京：电子工业出版社，2010.

[23] 赵静．永远向不可能挑战［M］. 郑州：海燕出版社，2008.

[24] 爱德华·德·博诺．六顶思考帽［M］. 冯杨，译．太原：山西人民出版社，2008.

[25] 林洁．职业形象塑造［M］. 北京：中国水利水电出版社，2009.

[26] 李国龙．奏响步入职场的序曲：职业院校学生实习指导读本［M］. 北京：高等教育出版社，2006.

[27] 未来之舟．求职礼仪手册［M］．北京：海洋出版社，2005.
[28] 劳动和社会保障部培训就业司，职业技能鉴定中心．国家职业标准汇编：第一分册［M］．北京：中国劳动社会保障出版社，2003.
[29] 劳动和社会保障部培训就业司．国家职业标准汇编：第二分册［M］．北京：中国劳动社会保障出版社，2004.
[30] 张树桂．职业分类介绍［M］．杭州：浙江教育出版社，1991.
[31] 中香玲．职业核心素养良好习惯的养成与训练［M］．第 1 册．武汉：中国地质大学出版社，2021.
[32] 方俪滔．职业核心素养良好习惯的养成与训练［M］．第 2 册．武汉：中国地质大学出版社，2021.
[33] 汤哲．职业核心素养良好习惯的养成与训练［M］．第 3 册．武汉：中国地质大学出版社，2021.
[34] 刘毅．职业核心素养良好习惯的养成与训练［M］．第 4 册．武汉：中国地质大学出版社，2021.
[35] 李纯青，刘建勋，田敏．职业素养开发与训练［M］．北京：清华大学出版社，2018.
[36] 刘辉．职业素养训练［M］．北京：机械工业出版社，2020.